ピープル・ファースト戦略

「企業」「商品」「従業員」
三位一体ブランディング

People First Brand

矢野健一

Yano Kenichi

宣伝会議

はじめに

なぜ日本企業で働く人に元気がないのか？

この書籍を手に取ってくださった読者の皆さんは、どのような課題の解決策を本書に求めてくださったでしょうか。「どうして、うちの従業員は指示待ちの人が多いのだろうか？」「企業にとって利益が大事なのはわかるけど、顧客を蔑ろにして利益ばかりを追求しようとする経営陣についていけない…」など、経営者であっても従業員であっても、おそらくは組織内の「人」の問題に頭を悩ませている方が多いのではないでしょうか。

特にこうした課題は、歴史ある日本企業で顕在化しているように思います。私は約30年にわたり、外資系企業で働いてきました。ただし、そのうちの10年は外国資本ではあるものの、中身は完全な日本企業。結果的に日本式と外国式、両方の企業運営を実体験することができました。

常に世界と日本を同時に感じながら企業経営をしてきて、思っていることがあります。それは、

「日本企業で働く人に元気がない」ということです。

社会や経済に元気がないから、人も元気をなくすのか。人に元気がないから社会や経済も元気がなくなるのか。いずれにしろ、結果的に働く人が元気のない状況に違いはありません。


たしかに今、日本自体が大きな変革期にあり、働く人たちも大きな変革のうねりの中で、目の前の問題に対処するのが精いっぱいという状況にあるのかもしれません。企業も従業員個人も、進むべき目的を見失い、まるで目隠しをされたまま険しい山道を延々と歩かされている状態になっているのではないでしょうか。


製造業がグローバルで事業を拡大し、「ジャパン・アズ・ナンバーワン」と言われた80年代は、はるか昔。日本が世界を席巻したビジネスモデルがバブル崩壊を機に通用しなくなってから30年以上が経ちました。

私はバブルが崩壊する直前の1992年に社会人になりました。入社して1、2年目にはやりがいと自信に溢れた、華やかな先輩社員の姿がありました。しかし、バブルが崩壊し日本経済全体が冷え込んでいく中で、入社してきた後輩たちは少しずつ自信とモチベーションを失い、おとなしくなっていった様を今でも鮮明に覚えています。

その間に企業もやる気を失い、動かなくなっていく従業員にモチベーションを与えようと成果主義や能力主義など海外の人事マネジメント手法を取り入れ、それまで日本の主流であった年功序列や終身雇用を撤廃。若い力や外部の優秀な力を活用して不況からの脱却を図ろうとしてきました。

それでも、まだまだうまくいってはいません。現在のビジネスモデルの延長線上に成長戦略が描けないのであれば、新たな事業をつくるしかない。そう考えて多くの企業が既存事業だけでの存続を諦め、新規事業に活路を見出そうと必死です。

特に世界的に見て日本には長寿企業が多いと言われています。日経BPコンサルティング・周年事業ラボ「2020年版100年企業〈世界編〉」によれば、世界で100年以上の歴史を持つ企業の50%、200年以上の歴史を持つ企業の65%は日本企業であるとのこと。そういった企業でさえも、社会環境が大きく変わる中で、新たな事業開発が喫緊の課題となってきています。

創業から何十年、さらには何百年経った今、会社をあげて新しいことに挑戦しようともがいている日本の企業。これは、単なる時代の変革期ではありません。新しい日本の創業期なのです。これまでのビジネスモデルも通用しなくなった。欧米式の人事マネジメントモデルを導入しても機能しなかった。我々は自分たちの手でこれからのモデルをつくり上げていかなければなりません。

そして、この新たな創業期にはイノベーションが必要です。日本企業でイノベーションと言うと技術革新のイメージが強いようです。しかし、ビジネスで言うところの本質的な意味とは新しい価値をつくることにあります。そしてこのイノベーションにおいては、これまで日本企業が注視してこなかった『人の力』が最も必要です。その『人』に元気がない。だからこそ、日本の将来に不安を感じてしまうのです。

日本人のインサイトを読み間違えたグローバル化

バブル崩壊後、先が見えなくなった日本企業は欧米式のマネジメント手法を取り入れ、それまで主流だった終身雇用や年功序列を排除してきました。このこと自体は問題ではありません。日本人の性質など本質を理解しないまま、海外で成功していたマネジメントモデルをそのまま取り入れてしまったことが問題なのです。

マーケティングで言うならば、消費者のニーズやインサイトを理解せずに、違うカテゴリー製品の成功モデルをそのまま取り入れてしまうことと同じです。マーケターの方であれば、それがいかに危険であるか、感覚的におわかりですよね。

事実、バブル崩壊後の30年で日本人は仕事へのやる気を失い、グローバル競争力は落ち、日本企業は次々と外資化していきました。いわゆる失われた30年です。その結果の上に今、我々は立っています。

実は人を活かすのが得意な外資系企業

皆さんは、日本企業と外資系企業の違いは何だと思いますか？　両方の企業にマネジメントとして長年、従事してきた経験から申し上げると、実は人のマネジメントスキルの違いに行き着きます。

「いやいや、外資系企業こそ人をコストとして扱い、不要になったら切り捨てる。人のことを全く考えていない成果中心のマネジメントスタイルだよね！」なんて声が聞こえてきそうです。たしかに欧米由来の外資系企業が成果主義であることは間違いないのですが、実は外資系企業は人の活用と管理について、とてもよく研究しています。手法やツールも日本企業より進んでいます。

端的な例として、外部から中途入社した人が力を発揮できる土壌は、日本企業よりも外資系企業の方がしっかりしています。どちらが外部の力をうまく活用しているか、と問われたら皆さんも間違いなく外資系企業だと答えるでしょう。でも、皆さんはその理由を知らない。それは決して欧米の方が人材の流動化が進み、転職文化が浸透しているからではありません。視点が違うのです。

欧米系の企業は個人と企業を同じ目線で見ます。それはつまり、互いが対等ということです。どちらが主でどちらが従であるという発想ではなく、互いを契約で結ばれた対等な立場として見ています。

企業が一人ひとりの従業員個人の活かし方を心得ていると同時に、個人も企業の活かし方を心得ています。ですから、企業は個人がベストなパフォーマンスを発揮できるように積極的にサポートしますし、個人もその環境が足りないときは臆することなく企業に要望します。その上で厳しいパフォーマンス評価を行うので、成果主義について文句が出ません。

ところが、日本企業は「人」目線ではなく、主に「企業」目線が社内で横行しているので、実は個人にまで企業の目が届いていません。それゆえ、個人が企業に合わせることを局所局所で強いられますし、その中で企業の意向を汲みながら成果を出していける人が重用されます。だからこそ、社歴の長さがモノを言うのです。

その人のポテンシャルはどのくらいあるのか？　どうやってそれを引き出すべきなのか？　そのために何を与えるべきなのか？　外資系企業の場合、企業もそれをよく考え、仕組み化し、ときにトレーニングもしっかり行います。個人も同じように高い意識を持って常に自分のスキルや能力レベルと向き合います。

外資系企業で鍛えられた優秀な方が、ビジネスモデルの異なる他の企業で活躍できるのは、そうして鍛えられたスキルが普遍的な力にまで昇華された結果です。一方、日本企業で転職して成功するパターンはスキルや能力での貢献よりも、業界での経験・知見や業界ネットワークからの貢献が多いように思います。

それでは、この「人」視点で見る外資系企業と「企業」視点で見る日本企業の差が、どのような差になって表れてくるのでしょうか？　それはイノベーションの質と量の差となって表れます。

日本からはここ数10年、世界をけん引するようなイノベーションが生まれていません。かつてはトヨタ自動車をはじめとした自動車の製造工程でのイノベーションやセブン‐イレブンに始まるコンビニエンスストアの台頭など多くの日本発のイノベーションがありました。しかし私の記憶では1990年代に社名をファーストリテイリングと改名したあたりから大きく飛躍したユニクロのSPAという新しいアパレル業態以降、特に世界的にインパクトを残したイノベーションの記憶が、あまりありません。

ちなみに誤解を避けるために補足しておきますと、このSPAも発祥はアメリカのGAP社が1986年に起こしたものになります。

セブン-イレブンやユニクロのケースにおいてはカリスマ的なリーダーの観察力と発想から生まれたものであり、組織的な仕組みから生まれたイノベーションではないことを考えると、再現性は高くはありません。特に、市場が飽和状態にあり、商品やサービスの差別化が難しくなった現代においては、人の力を活用する術を知らない、むしろ人を組織論理に順応させていこうとする日本企業からイノベーションを起こすのは至難の業でしょう。

経営者、マーケターとの対話の中で見えてくる、最近の企業課題

誤解を避けるために申し上げますが、日本企業の経営者も決して経営の中で人を軽視している自覚はありません。むしろ、大切にしたいと考えています。しかし最近、経営者やマーケターの

方と話していて気になるのは「顧客不在」の議論が端々に垣間見えることです。

そもそも、その戦略や施策は誰のためにやっているのかが、不明確なケースが多い。いや、不明確というより、むしろ「企業」のために行っていると感じることが多いのです。一例をあげると、小売でよく見る棚を維持するための商品改良などがこれに当たります。

小売企業は新しい商品か、そのお店でしか買えないユニークな商品が売れると思っているので、新商品や限定品を欲しがります。メーカー側の営業は自社の商品が陳列されている棚のスペースを競合他社に渡したくないので、小売企業の要望に応えようとしますが、そんなに頻繁に新商品を開発できるわけもありません。

ちなみに、飲料やスナックなどのカテゴリーでは1、2か月毎に新商品が登場し、その度に売上の下位にいる商品が棚落ちしていきます。それくらい厳しい競争にさらされていると、〝棚落ち〟しないということ自体が営業目的になっていくことも珍しくありません。

しかし、そんな速い頻度で新商品を開発できないときにメーカーはどうするか？　ちょっとパッケージをリニューアルしてみたり、成分をちょっとだけ調整して新改良と謳ってみたり、場合によっては製品の仕様はほとんど変わっていないのに商品名やフレーバーネームだけ変えて新商品ですと提案してみたり…。まさに顧客不在の中で商品開発部と営業部がてんやわんやしているのです。

そして、そんな姿勢は消費者にも従業員にも見透かされてきています。しかも、それが顧客離れ、従業員離れを起こして業績不振となって表れていることに気づいていない。

「顧客は値段を下げないと買ってくれないのですが、利益的にも限界です。どうしたらよいですか？」

「うちの従業員は笛吹けど動かない。どうしたらよいですか？」

そんな相談をよく受けますが、これらもまさに顧客不在の議論が原因なのです。


顧客を理解して初めてビジネスはうまくいきます。その顧客を理解するのは従業員の役目ですが、その従業員に気力がない。だから、目に見えやすく理解しやすい価格や販促の話しか出てこなくなる。これでは、企業として利益を下げる方向にしか議論が向かいません。

たしかに、これでは事業はうまく回りませんが、この原因をつくっているのは実は企業の考え方なのです。顧客不在のまま、業績最優先で経営判断をしていくと、このような問題に直面していきます。


長引く不況の煽りを受けた業績不振の中で、多くの企業は中長期的視点よりも短期的視点を日々の経営判断で優先させてきました。その結果、どうしても業績に直結する施策を選びがちになっていきます。

業績に直結するはずなのに、それでも業績は回復していきません。人が大事であることは重々承知していながらも経営的にすべての人を今のまま抱えていくことが難しいと感じる局面が増えていきます。

その中で企業は常に「業績が先か？　従業員が先か？」の選択を迫られます。つまり、「業績を元気にできたら従業員も元気にできる」という発想と、「従業員が元気になれば業績が元気になる」という発想、どちらを信じて経営判断をすべきかが問題で、これは鶏が先か、卵が先かの議論と似ています。私はこれを「リーダーのジレンマ」と呼んでいますが、多くの企業は業績ファーストの選択をしているのが現実です。

これは日本企業が「企業」視点で運営されていることと無関係ではありません。長引く不況に入る前も、日本人は私生活を犠牲にして企業に貢献してきました。そして、企業もそれをよしとして制度をつくってきました。そういう文化が育まれてきた土壌では業績ファーストの選択をするのはごく自然なことなのかもしれません。

しかし、その結果として結局、業績不振からどの程度の企業が脱却できたでしょうか？　この不況が現在でも続いている状況を見ると、少なくともマクロ的には業績ファーストが有効に機能したと主張することは難しいと思います。

もうひとつ、業績ファーストを採用してきた背景として、海外のマネジメントモデルの影響があります。日本企業が熟考せずに取り入れた成果主義の旗印のもと、業績、そしてステークホルダーへの還元が最優先事項になって経営が行われてきたことも大きな要因のひとつでしょう。しかし、先に述べたように、この海外のマネジメントモデルはそのままでは日本人のパフォーマンスポテンシャルを引き出しません。日本人のモチベーションに合っていないからです。

日本が再び創業期に入ったこと、イノベーションが復活のキーになること、日本人に合っていない仕組みを採用し続けてきたこと。これらを考えると業績ファーストでは、もはやこの状況から脱却することは不可能です。日本は今こそ「ピープル・ファースト」の経営でこの難局を乗り越えていくべきです。

「ピープル・ファースト」経営とは何か？

「ピープル・ファースト」と聞くと、日本の企業の方は、従業員中心の理想論だと思うようです。

それは従業員満足を高めることを目的としなければならないという発想になるからだと思います。従業員満足はあくまでも結果であって目的にはなりえません。ビジネスの目的はあくまでも利益を上げ、成長を続け、事業活動を継続させることです。ただし、ピープル・ファーストは、その目的を達成する戦略のひとつになりえます。

それはどういうことなのか？　例えば、商品の売上をマーケティングで伸ばそうというとき、商品便益を中心にマーケティング戦略を検討するだけでなく、つくり手をブランディングすることで商品に大きな付加価値を与えようという発想です。

また組織の内部では、まずは企業が誰と一緒に戦うべきかを定義して、彼らが最も力を発揮し、やる気をみなぎらせる環境を見極めてから体制と制度づくりを始める。

これらは、いかにつくり手が信頼に足る人たちなのかを対外的に伝え、いかに一緒に働く仲間が尊敬できるのかを対社内に伝えることから始めるという意味です。よって、実はその組織の枠に入るべきでない人は最初にはじかれることになりますし、そこの組織にいたいと思う人は同じ価値観を共有していることをデモンストレーションしていかなければなりません。

「人」が戦略の一丁目一番地であるということは、当然ながら人に力がないとうまくいきませんし、人を活かす環境になっていないと意味がありません。そういった意味でピープル・ファーストとは戦略であり、従業員満足度向上とは別の概念になります。

それでは、具体的にはどういうことなのか？　それはビジネスの成長戦略を、人を起点にした発想から考えることです。言い換えると、人を資本として捉え、いかにリターンを増やすかという発想に切り替えるのです。人的資本という言葉が注目され始めましたが、まさにこうした思想に転換する必要があります。

本書が人的資本のビジネス書と異なる点は、人的資本を活かす方法としてブランディングにフォーカスを当てた点です。それはなぜか？　答えは明白です。私は人を動かす最強の武器は、マーケティングだと考えているからです。

そして、人的資本の何を〝ブランディング〟したら、どのようなリターンが返ってくるのかを考えたとき、これはビジネスの成長だけでなく、そのプロセスを通じて、働く人々のプライドをも取り戻すことができることに気づいたためです。

全従業員が持つべきマーケティングスキル

私は2017年に経営、マーケティングのコンサルティング事業を立ち上げたときから、事ある毎に口にしてきたことがあります。それはマーケティングが単に商品やサービスを売るためのスキルやツールではなく、ビジネスを最適に運営していく上で、もはや必須のコアスキルになっているということです。

背景としては、グローバル化、ダイバーシティ、市場の競争激化で見えにくくなった顧客ニーズなど、人を理解しないと解が得られない経営の問題や課題が増えてきたことがあります。

そもそも、マーケティングとは何か？　これには世の中にマーケターが100人いたら100通りの答えがあると思いますが、私は「人に行動変容を促すこと」だと考えています。その実現のために、人を徹底的に理解して行動変容を促せる刺激や仕掛けを見つけ、それらが生まれる環境を創造すること。本質的には、これがマーケターがやらなければいけないことだと思っています。

すべての経営課題は人の課題である

皆さんの会社にも、しのぎを削って競争する競合ブランドがあると思います。この戦いの敵は、競合する商品、ブランドだと思いますよね。しかし、普通に考えれば、その競合ブランドの今後の動きを決めているのは、その背後にいるブランド担当者、つまりは人です。言われてみれば当たり前の話なのですが、こうした当たり前のことをつい忘れがちになります。

実はこの構図は、マーケティング部だけでなく、企業のあらゆる場所で見受けられます。予算を使いたいマーケティング部と予算を抑えたい経営層との間で板挟みになっているファイナンス担当者。

約束した期日での商品の配送が遅れて、お客さまや自チームとサプライヤー側との板挟みになっているサプライチェーン担当者。どちらも、この問題を解決するにはそれぞれの人の状況を理解して、三方よしの道を探りますよね。この状況で、決して正論や合理性だけで問題解決を図ろうとはしないはずです（実際にはそうしている人もたくさん見てきましたが、あまりうまく乗り切ることができていませんでした）。

ビジネスとは、戦略も計画も評価も、人の感情を抜きに進めることはできません。それはＡＩの活用など、どんなに技術が進んでも、です。どれだけテクノロジーが進化しても、ビジネスの顧客は人であり、人は感情で意思決定する生き物であることに変わりはありません。それゆえ、人を徹底的に理解して行動変容を促せるマーケティングのスキルはすべての従業員が身につけるべきものだと言えます。

人の力でビジネスを伸ばす「三位一体ブランディング」

あらゆるビジネスを動かすのは、人である。だからこそ、企業においても、人を起点にビジネス戦略を描くべき。当たり前のことですが、改めてこの意識が組織内で浸透してくると、とても強い武器を持つことができます。従来の商品ブランディングに加えて、人の力を活かそうとする企業と従業員のブランディングをする発想が生まれ、これらを目的や戦略に合わせて組み合わせることで全く新しい顧客体験を創造することができるからです。

それは、短期的視点から生まれた小手先のマーケティングよりもはるかに本質的でパワフルです。しかも、前述のように企業の知名度を上げながら、従業員にやりがいと誇りを与えることもできます。

私はこれを「三位一体ブランディング」と呼んで、商品の差別化が難しくなった市場で苦しんでいる企業や組織の意識改革などに課題を抱える企業と解決に向けたプロジェクトを進めています。

三位一体ブランディングは、従来の商品だけのブランディングだけでは到達することができなかった顧客体験を創造します。そして従業員の力を開放し、その力を商品やサービスに上乗せすることで、その組織にしかできない世界観と体験を創造することができるようになります。「企業」、「従業員」、「顧客」の三方よしを実現する、本質的な経営戦略に行き着くことができるのです。

すべての人に行動変容を起こす！

本書でご紹介している「三位一体ブランディング」は、企業、従業員、商品をそれぞれブランディングして、それらを目的に応じて組み合わせながら顧客体験を高めていく手法です。その過程で伝わる力が強化され、顧客にはつくり手の想いから紡がれるストーリーが伝わっていきます。単に「何をしてくれる商品なのか」を飛び越え、「誰がどんな想いでつくった商品なのか」「実際につくった人たちはどういう人たちで、どのような努力をしてつくられたものなのか」というストーリーの訴求力は、商品便益を伝えるだけの従来のマーケティング・コミュニケーションの比ではありません。

そういった意味ではもちろん、飽和している市場において差別化の難しさに直面しているマーケティング担当者に本書を読んで、大きなアイデアへの突破口を見つけ出していただきたい。同時に、人に対して行動変容を促したい社長以下、すべてのリーダーに読んでいただきたい。マーケティングが持つ普遍的な力、そしてそれを端的に形にするブランディングのスキルを身につけて、すべての従業員を元気にしてほしい。日本中の従業員が元気になって、再び日本ブランドが、そして日本人ブランドが世界を席巻する日が来ることを期待して本書の筆をとりました。

本書が、誇りとやりがいに満ちた人生とビジネスを両立させるために、少しでも多くの人のお手伝いができれば幸いです。

目次

はじめに

第1章 モノづくりが面白くなくなってしまった日本　31

第2章 小手先の戦略だけで走り続けてきた日本企業の現場

第3章 つくり手の顔が見えるブランド戦略「三位一体ブランディング」

第4章 「三位一体ブランディング」

STEP1 「企業」のブランディング　97

第5章 「三位一体ブランディング」STEP2 「従業員」のブランディング

第8章 人を活かす経営5つの提言

People First Branding

第 1 章

モノづくりが面白くなくなってしまった日本

「失われた30年」で日本が失ってしまったもの

平成の30年間は、日本にとって「失われた30年」と言われます。それでは、「失われた」とはいったい何が失われたのでしょうか。日本の強い経済力でしょうか、国際競争力でしょうか。いろいろな意見があると思いますが、私は失われたのは「日本人としてのプライド」だと考えています。

プライドが失われることの何が問題なのかと考える方もいるかもしれません。しかし、プライドをなくしてしまうことが、とても大きな問題を引き起こしているのです。

まず、ここで言う「プライド」について読者の皆さんと意識合わせをしなければなりません。私はプライドとは、自分自身のアイデンティティが誇りや、やりがいに転化され、この領域では「絶対に他の人に負けたくない」と思えるものを持つことだと思っています。つまりプライドをなくすとは、気力をなくすこととほぼ同義だと思うのです。

また、プライドは経済成長を支えてきた、私たち日本人の競争力の源泉でもありました。プライドがあったからこそ、ジャパンクオリティと世界に称される高い品質力も、トヨタの「カンバン方式」のような効率的な生産プロセスも実現しえたのではないでしょうか。言い換えると、日本企業の競争力とは「日本人の競争力」、すなわち「日本人のプライド」が大きな推進力となってきたということです。

そのプライドが失われたということは、我々日本人の競争力、ひいては日本企業の競争力のエンジンが失われたことを意味します。これが小さい問題であるはずがありません。

かつての日本は高度経済成長期、そしてバブル経済期を背景に日本人としてのプライドを深めてきました。他国より品質のよい製品をつくる技術も、他国より安価につくる知恵と工夫も持っていたからです。「カンバン方式」と呼ばれた日本の自動車産業におけるイノベーションは全世界で研究の対象となり、勤勉で規律に正しい日本の組織は海外の経営の専門家からも注目されました。その日本がこの30年で大きく変わったのです。

プライドが失われて、変わってしまったのは企業だけではありません。当然ながら人、すなわち私たち日本人に対する評価も変わってきています。

今、世界は日本人をどう見ていると思いますか？　外資系企業の中で日本を代表するマネジメントとして働いてきた経験から申し上げると、きわめて厳しい状況に置かれていると言わざるをえません。

日本の市場においても、「日本マーケットのマネジメントは日本人に任せた方がよい」という風潮がだんだんとなくなりつつあると感じているからです。私たちは最悪の状況になる前に再び競争力を取り戻さなければなりません。そして、再びプライドを持てるようになった時、我々は真に失われた30年から脱却できたと言えるでしょう。

業績か従業員か？　リーダーが抱えるジレンマ

1995年以降、日本のGDPはほぼ横ばいのまま推移しています。現在、GDP1位のアメリカ、2位の中国は様々な問題を抱えながらも盤石な地位を築いているように見えます。日本は2国に続いて現在3位ですが、4位のドイツとの差も縮まってきており、「経済大国」の名声も最近は色褪せてきました。

なぜ、日本の経済状況は長期間停滞してしまっているのでしょうか？　要因となる因子は様々に議論されていますが、私が注目しているのは、たびたび申し上げているように「働く日本人に元気がない」ことです。

私はマーケティング畑の人間なので、どうしても人を中心に物事を見てしまうこともあるかもしれません。しかしコンサルタントとして10年、マーケターとして12年、経営者として10年、企業マネジメントの現場を見てきましたが、やはり元気がない企業の従業員は元気がない。そして、これは個別企業の現象ではなくなりつつあります。

「はじめに」でも、触れたように事業がうまくいかないから従業員の元気がないのか、従業員の元気がないから事業がうまくいかないのか、これは鶏と卵の関係にあるような問いです。それゆえ業績を上げることが先か、従業員の元気を取り戻すことが先か、事業が落ち込んできた経営者は常にこのどちらかを選択することを迫られます。

誰だって従業員を優先したい。しかし、現実的には業績を回復させないことには企業は従業員を幸せにすることはできない。私はこれを「リーダーのジレンマ」と呼んでいます。皆さんはこのジレンマにどう向き合っていますか。

様々な考え方があると思いますが、私は長年のマネジメント経験の中から自分の答えを持っています。それは、「ピープル・ファースト」であるべし。つまり、「従業員の元気が先」であると考えています。

事業にも商品と同様に「ライフサイクル」がある

なぜ、ピープル・ファーストであるべきなのでしょうか。その実践論は3章以降で詳述しますが、ここではピープル・ファーストであるべき理由について簡単に解説していきます。

マーケティングの概念のひとつに「プロダクトライフサイクル」という考え方があります。これは、プロダクトの成長ステージを「導入期」、「成長期」、「成熟期」、「衰退期」の4つに分けて、自社のプロダクトがどのステージにいるかを踏まえて、戦略策定に活かすためのフレームワークです。

そして、プロダクト同様に企業や事業にもライフサイクルがあります。日本企業に元気がなくなっており、変革が必要とされているのだとすれば、30年以上前に構築した事業のライフサイクルが衰退期に移行しつつあると考えることができるのではないでしょうか。

新しい事業を生み出すのは常に人です。人が起業し、そこに人が集まり新しい事業や商品が生まれ、顧客が創出されます。その事業がうまく軌道に乗り、成長を続けていくと、いくつもの成功事例が生まれます。人々はその成功事例を踏襲し、進化させていきながら、さらなる発展を遂げていきます。

事業の規模が大きくなると、従来のような属人的な形のままでは、商品・サービスの品質を保てなくなるため、マニュアル化を進めます。誰がやっても狙った業務品質が担保できるようになり、企業は安心して組織を拡大していきます。

マニュアル化が浸透していく頃には、大抵の事業は競合他社も多く参入し、市場は飽和状態になりコモディティ化。競争も厳しくなります。そうなると、より効率的な運営を進めて利益を出していくためにさらにマニュアルを進化させることになります。このプロセスを経ると組織はどうなっていくのか？　従業員はマニュアルをしっかり守ることが正となり、マニュアルを最も熟知し、遂行できる人が企業から評価されていくようになります。

ここから、業績衰退につながる問題が発生していきます。マニュアルを重視することで従業員が自分の頭で考えることをやめてしまいます。しかも、それについて従業員自身は無自覚なのです。従業員は一生懸命どうすればよいか、マニュアルの範疇で考えるのですが、そこを飛び出して考える人はなかなか出てきません。

なぜなら、社内で評価されないからです。そうこうしているうちに、市場では新しい動きや競合が出てきて、市場での戦い方が変わっていきます。もう、従来のマニュアルに則った戦い方では勝つことが難しくなっているにもかかわらず、その事実に企業の中にいては、なかなか気づくことができません。

さらに最悪なことに、たとえ気づいた人が出てきて社内で声を上げたとしても、大抵の場合はマニュアルを否定する者として排除されていきます。彼らの価値に企業が気づくのは事業として手の打ちようがなくなった時です。

外部から優秀な人材を招いてもイノベーションは起こせない

もうおわかりでしょうか？　現代の日本人はライフサイクルで言えば、成熟期。もっと言うと衰退期のマインドセットに慣れすぎてしまっていて、導入期のステージに戻らないといけない事業に直面しても対応できなくなっているのです。

事業とは常に人がつくり上げているものなので、それがうまくいかなくなっているときは社内全体のマインドセットが、企業が置かれているステージにおいて求めているものとズレがあるときなのです。間違ったマインドセットを持った人々の集合体が一体となって事業改善を目指したところでどこに向かうのかは自明ですよね。まずは人々のマインドを変えないといけないのです。

こういった状況に陥ったとき、よく使われる手法が、社外から優秀な人材を改革の旗手として採用し、新しい血を社内に入れることで改革を推進していく方法です。エグゼクティブサーチ会社がヘッドハンティングと称してにわかに、この30年で市場を賑わしてきたのは外資系企業人材のようなキャリア形成の浸透と、業績が低迷する日本企業のニーズがマッチしたことにあります。しかし、これもほとんどのケースでうまくいってはいません。皆さんの企業にもそうやって社外から三顧の礼で迎えた人材がいらっしゃったと思いますが、いったい何人の方が改革に成功したのでしょうか？　現在の日本経済の状況を見れば少なくともマクロの視点からはうまくいっているとは言い難い状況です。このやり方が効くケースは社内に不足しているスキルを補う場合です。

ところが事業が傾いている時はスキル不足の前に組織のマインドが大きく傾いています。それはまるで荒れた大海原の中で船を操縦しているようなものです。そんな中にいかに優秀なスキルを持った方が入ったとしても、そのスキルを発揮する前に波にのまれ、溺れてしまうでしょう。

この衰退に向かうライフサイクルから再び成長のライフサイクルに向かうには、前に述べたようにまずは人々のマインドセットを変えないといけません。そうしないと、組織の間違いに気づき手をあげた優秀な人材から順に絶望感を感じて企業を離れていってしまいます。

技術基点から価値基点のイノベーションの時代

再び成長のライフサイクルに向かうきっかけとして、よく言われるのがイノベーションです。イノベーションとは何かと言うと、結局のところ新しい価値で新しい事業を創造することなので、先ほどの事業のライフサイクルとしては最初に戻ることを意味します。

高度経済成長期の日本においては、新たな事業創造が技術基点でなしえたのかもしれません。しかし、現在の環境における市場創造とは、価値基点です。そして、これが、私がなぜピープル・ファースト（従業員が先）と言うかの答えになります。

再び人の手で新しい価値（事業）をつくり、もしくは再定義して再び市場に認めてもらうことで事業は復活していきます。そしてそのイノベーションが組織に新しい価値観を浸透させ新しいマインドセットが生まれていきます。

しかし、そのイノベーションを起こすには、現状の間違いに気づいた人々に成熟期や衰退期のマインドセットから脱却できない反対勢力がうごめく荒れる大海原でもしっかり航海できる強い船を渡してあげる必要があります。

ここで言う強い船とはもちろん企業、そして経営層のサポートのことです。企業のサポートがないと組織で孤立し、結局は荒れる大海原では溺れてしまうでしょう。溺れることがわかっていて、わざわざ海に出ていく人はいないですよね。

そして、もしその海が出航前に穏やかになっていたら、それほど強い船がなくても航海が十分可能です。経営者としては業績改善にばかり意識が向き、日々の数字ばかり追って従業員のお尻を叩くのではなく、そんな時こそ従業員全員が大海原に飛び込む勇気を持つことができる環境や仕組みを整えることが大切なのです。

業績回復はスピードとの戦い

私がもうひとつピープル・ファーストであるべしと言う理由は、業績が無事回復した後にあります。事業のライフサイクルを再び振り出しに戻して事業再生を進め、再び成長軌道に乗ったとき、企業には人材が必要になります。ここで、一緒に改革を乗り越えた従業員が十分にいる状態で成長期を迎えることができたら最強です。

一度、人員を整理してしまって、再び成長軌道に乗ったとき、そこから新たに人材を採用し直すと、人員補充の手間とコスト、カルチャー育成の時間などの問題から、改革のスピードが落ちます。一気に拡大して競合を大きく引き離すチャンスを逃してしまう可能性があります。もちろん、業績が傾いている時に、回復した後のことまで考えるのは容易ではありません。

しかし、その業績を回復させて何をしたいのか、その業績を改善する目的を考えていくと、自ずと今から何をしないといけないのか見えてきます。目先の問題点だけに集中して得られるものは短期的なものだけです。たとえ難しく、勇気が必要でも、正しく目的を設定して改革に臨むべきです。

改革にあたって一番大事なのは人であることに疑問はないでしょう。私が業績回復を担うときに人員に手をつけるのを最後の最後にするのはこのためです。逆に人員整理に手をつけないといけないときは、なるべく短期決戦で勝利しないとその後の大きな業績回復は難しくなります。一度、壊したものを長い間放置すると、余計に状況は難しくなるからです。

人間はそんなに長い期間、我慢し続けることはできません。従業員も最初は企業を信じて一生懸命頑張りますが、1年が2年になり、5年ともなってくると疲弊し始めます。経営者が人員整理に手をつけ、従業員の士気が落ちてくれば当然パフォーマンスが落ち、経営層がいくら笛を吹いても従業員が動かず業績が上がらない悪循環に陥ります。

私の経験では2年以内で、再び回復基調に戻せないと難しいと感じています。経営者は事業改善のために昇給やボーナスを凍結するなど従業員に我慢を強いたり、人員整理を行うのであれば、自身には2年以内での業績回復のミッションを課すべきです。

このように、事業のライフサイクルを回していくキーとなるのは常に人です。では、いま日本の従業員はどういう状況にあるのでしょうか？

「働きがい」を感じられない日本人

ここで、改めて日本人の仕事への意識に着目し、日本と世界の比較を見てみましょう。まずは「生産性」です。

日本人の生産性には大きな伸びしろがあります。GDPでは世界3位の日本ですが、1人当たりの労働生産性ではOECD加盟38ヵ国中、29位。時間当たりの労働生産性では27位。これらの指標をアメリカと比較すると日本は実に35パーセントも低いのです。日本人はその能力をフルに発揮できていないと言えるでしょう（出所・日本生産性本部）。

また、現代の日本人は仕事を通して自分の欲求を満たそうという感覚が乏しい傾向にあります。

2020年2月、リンクトインオンライン調査「仕事で実現したい機会に対する意識調査(Opportunity Index 2020)」によると、仕事に対する期待感の国別調査比較において、日本はグローバルの平均を100とした場合80しかありませんでした。

これはプライベートを大切にするライフスタイルで知られる、フランス、イタリア、スペインと比較しても劣っている数値です。現代の日本人は仕事に対してあきらめムードだと言えるかもしれません。また日本人には他責思考の傾向が強く、内向的で自己実現に自ら動かないという傾向も見られます。「仕事は与えられるもの」という意識とそれを育んできた文化を壊さないといけません。

前述のリンクトインオンライン調査には、「人生で成功するためには、何が重要だと思いますか？」という設問もありました。日本も世界も1位の回答は「一生懸命に働く（日本72%、世界81%）」でした。

しかし、2位以下の回答では他国と大きな差が出ました。2位には、世界の「変化を喜んで許容する（80%）」に対して日本では「幸運（66%）」となっています。日本では自身の努力が報われず、成功するか否かは運次第と考えている人が多いのです。

また、3位を見ても大きな違いがあります。世界では「ふさわしい人とのつながり（76%）」と考えているのに対し、日本では「機会均等（社会的平等）（62%）」となっています。

もちろん、これには男女平等など労働環境後進国としての日本の問題点も大きく関与していますが、日本人には能動的に成功を掴みに行くという発想よりも、成功・幸福は与えられるものという意識が他国より強いと読み取ることができます。なお、世界で2位だった「変化を喜んで許容する」は日本では57%、3位の「ふさわしい人とのつながり」は5位圏内から外れる結果となっています。

また、「どのような仕事を求めますか？」という問いに対して、第1位は世界、日本とも「ワークライフバランスが取れている仕事（世界40%／日本35%）」とありますが、世界では同率で「自分が大好きなことができる（40%）」となっています。一方、日本においては「自分が大好きなことができる」は29%しかなく、仕事とやりがいを分けて考えている人が多いことがわかります。

一体、なぜ日本ではこんなにも仕事に対して期待や、やりがいが失われてしまったのでしょうか？

「業績に直結」のみが正義ではない!?

失われた30年から脱却しようと、各企業は様々な経営改革を行ってきました。その中で企業が参考にしてきたのが、海外のマネジメントモデルでした。終身雇用や年功序列を否定し、若者たちのやる気を出そうと試みました。成果主義、能力主義を取り入れ、やればやるほど報われる仕組みをつくることで従業員のモチベーションを上げようと試みたのです。

しかし、結果はどうだったでしょうか？　日本人の仕事へのモチベーションは下がる一方です。理由は大きく2つあります。

ひとつは、欧米系のマネジメントではステークホルダー（メインは出資者）への還元を事業の目的に入れていることが多く、マネジメントのフォーカスとして短期的指標の達成が絶対視されるため、どうしても短期的視野に陥りやすいという点です。

実際に経営をしてみればわかるのですが、それ自体は実は悪いことではありません。短期的に出現するよいサインの積み重ねが中長期的な道筋をつくることに自信や安心を与えるからです。ただ、この短期的視点でのマネジメントは、日本人にはまだまだ不慣れな点が多いのも事実です。成果や報償よりも人間関係などの精神的な結びつきを重視する日本人の価値観と合わないことが多いですし、何よりも日本人はそういうマインドを教育の中で培ってきていないのです。

もうひとつが、日本人は世界の中でも失敗を恐れる国民性であると言われるように、成果主義や能力主義で評価されることに大きな不安を抱えがちだという点です。評価システムは経営上、従業員を動かす原動力のひとつではあるものの、従業員の価値観や文化と合っていないと、その効果は著しく低下していきます。

企業が短期での業績回復を焦り、業績に直結した施策のみに注力すればするほど、実は日本人はだんだんと、本来のよさを失っていくのです。

それでは具体的に業績に直結している活動とは何でしょうか？　それは、投資した費用がすぐに効果となって回収できる活動を指します。企業はすぐにお金になるプロジェクトには投資しますが、そうでないものにおいては、なかなか意思決定することができません。特に日本企業はその傾向が世界的に見ても強いと思います。

しかし、少し考えてみてください。事業活動の中で、いったいどれほどすぐにお金になると判断できる簡単な事業計画が存在しているでしょうか？　競合もいる中で、しかも現代は国内だけでなく海外からもオンライン、オフライン問わず交じり合う複雑な市場の中で消費者のニーズは飽和状態にあります。

まさに、不確実な市場の中での意思決定になるのです。だから、企業は少しでも確実な方向に向かうべく、その判断は、未来ではなく、過去の実績や確約されていることをベースになされていくようになります。

例えば、こういう会議の光景を目にしたことはありませんか？　何か新しい事業を立ち上げようと提案すると、「うまくいくの？」「数字を見せて」「成功事例は？」といった言葉が最初の段階で上司から出てくる場面です。このような質問が出てくる企業の新プロジェクトは、ほぼうまくいきません。と言いますか、そもそも世に出ていかないことの方が多いでしょう。その前に社内で潰されてしまうのです。

海外では、そういう新しいアイデアが出たときには評価する前に、まず皆でアイデアを膨らませていきます。いわゆる「YES，AND」というコミュニケーションですが、ひとつのアイデアを皆で「それなら、こうしたら面白いんじゃない？」「もっとこうしたらユーザーが増えると思う」という感じで、アイデアを膨らませた後で、「じゃあ、ビジネスケースを見てみよう」となります。

日本では部下が企画をつくり、上司はそれを評価する、そしてさらに上の上司とあらゆる関係者が承認することで企画が成り立ちます。長引く不況の中でこの評価がさらに厳しくなった、というより慎重になるあまり、可能性よりも確実性を重視するようになってしまいました。

これをやられると、部下はだんだんと戦意をなくしていきます。なぜなら、どんな企画や提案にも、活かすロジックもあれば潰すロジックもあるからです。初めから消極的な視点で評価していくと企画を潰すのは実は簡単です。それを繰り返すと、「どうせ何を提案してもうちの会社はダメだよ」という気運になり、だんだんと気力がなくなっていきます。

人の心から数字に移ってしまった意識

もちろん、提案する側にも問題があります。もっと数字や過去事例をうまく使って、いかに成功しそうな企画なのかをプレゼンできれば問題ないのです。昨今、そういったプレゼンテーションの相談も多く受けるようになってきました。各人がそういうスキルを向上させて、どんどん企画を通していくことができるようになるのはうれしいことです。ただ、大きな問題は実はそこではありません。

企画を通すことに注力し、データを集め論理武装をする。実はこれをやると脳のモードが変わっていきます。企画の可能性をすべて掘り出した後に、この作業をするのであれば問題ありませんが、まだ芽が出たばかりの企画の段階でこれを考えると、せっかく大きくできる機会を失うことになりかねません。

企画の成功は、決して机上のプレゼンテーションだけでは決まりません。実際の顧客にどのように触れ、体験してもらい、何を感じてもらうかが、最も大事です。しかし、顧客の心を一生懸命に考えていくことよりも、企画を通すことに心血を注いでしまうと、企画が通った後、実は企画が薄かったと後悔することが、多々起こります。

成功事例への固執が考える力を失わさせた

上司の方も、確実に業績につなげなければという想いが強すぎて、確実に勝てる方法を一生懸命に探します。それが、数字で証明されているか、過去の成功事例を踏襲しているかどうかという判断です。数字で見えているものは信用しやすいし、説得しやすい。過去に成功しているものは否定しにくい。

これらに頼った意思決定ばかりして成功体験を積んでしまうと、脳は思考停止状態になります。簡単に勝てる方法を見つけた人は、なかなか異なる戦法を取りにくくなるのです。

その成功事例や数字ロジックが市場の中で効果的なうちはよいのですが一度、市場や環境が変わって、通用しなくなったとき、それらの意思決定者は分析力を鍛えていませんので無力どころか有害な存在になりえます。成長の足を引っ張り始めるのです。

経営層はここをしっかり見極めないといけませんし、自戒もしないといけません。

コスト削減テクニックの功罪

日本人はコスト削減が得意です。それ自体はとてもよいことです。同じ機能を持ったものをより安価に製造し、人々により広く浸透させることができるからです。

コスト削減は売上を上げる施策よりも加減乗除で考えやすいので、利益を出そうと思ったらまず考えてしまいがちな方法です。しかし、コスト削減によって多くの問題も発生しました。そのひとつが産業の空洞化です。

よりコストの安い地に工場を構え、より安価な労働力を使い、マニュアル化されたオペレーションで同一品質の製造を実現する。その地では産業が生まれ、喜ばれたことでしょう。

ただ、その結果として技術を盗まれ、日本の将来の競争力となるはずだった様々なテクノロジーがコピーされてしまいました。それらの委託先の国は安い労働力でより強い競争力を持ち、今度は日本の脅威となりました。

それらの行為が悪いという話ではありません。大事なのは、どういうビジョンでそういう製造体制を進めてきたかということです。当該産業を世界に広めるべく、技術提供も兼ねながら進めてきたことなのであれば、ある意味、想定通りです。その場合、広まった後に日本はどうあるべきかのビジョンが描けていたのかが問題になります。

逆に、単にコストが安くなるからという理由だけでは、失ったものがあまりに大きいと思います。私には、これまでの日本は問題を解決するために、大局で動くのではなく局所的な判断で物事を進めてきてしまっていると感じます。その結果、大きな資産を失っているように思えてなりません。

その大きな原因は、日本人は目的から思考をスタートする習慣がついていない、もしくは教育されてきていないため、苦手だからなのではないかと思います。ここで言う目的から思考をスタートするという意味は、目的を自ら設定して、それに向かっていく時にどんな問題点（イシュー）があるかを見極めるところからスタートするという意味です。

日本人は目の前で起きている問題を解決するのは得意ですが、大局を描いて問題を乗り越えて成し遂げるという部分が苦手なのだと思います。それを克服するには、自ら目的を設定する力、そしてそれを推進していく力を意識的に身につけていかなければなりません。

人への再投資なくして回復なし

ここまで見てきたように、欧米式のマネジメント手法では日本人のポテンシャルをフルには引き出せないというのが私の結論です。日本人には日本人に合ったマネジメント手法を用いて事業再生を図るべきです。そして、そのキーワードは人、ピープル・ファーストなのです。

日本人は特に人との精神的なつながりを強く求め、またそれ自身がモチベーションや行動の原動力になるので、従業員が元気でない企業はガソリンが入っていない車と同じで、いかに素材やスペックを向上させたとしても走り出さないでしょう。

失われた30年が本当に失ったもの。景気は結果であって、本質的には、日本人のプライド、すなわち誇りであり競争力です。そしてその競争力下落の原因はやる気を失い、考えなくなった日本人にあります。

日本企業に今、必要なのは人への再投資であり、人を活かした戦略やビジネスモデルなのです。企業の創業期では人が中心になって属人的に事業をつくり、事業拡大の過程では成功事例が大きな成功けん引をもたらし、そして、規模が大きくなり効率と確実性が求められるとマニュアル

CPM（Corporate Phase Management）モデル

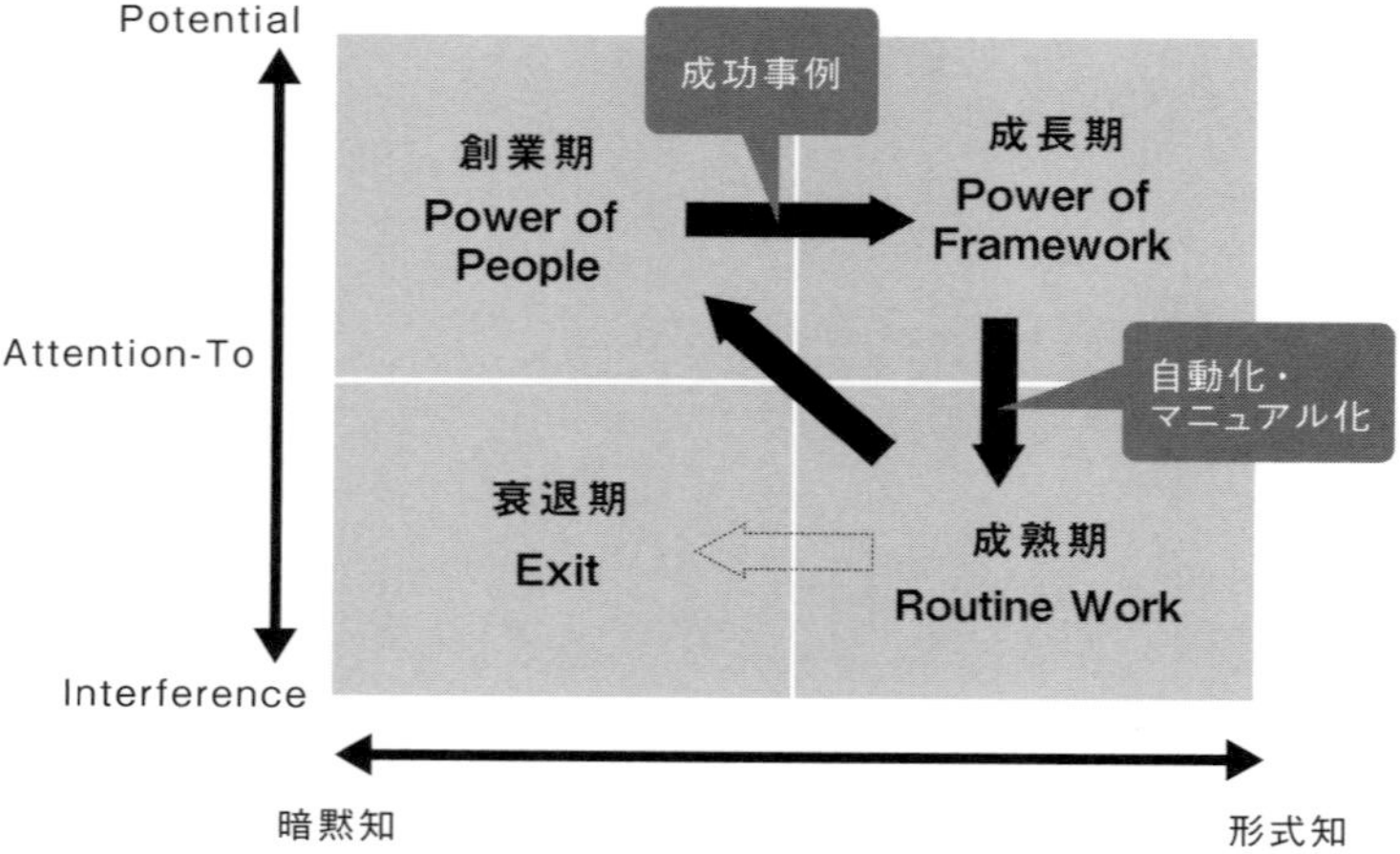

化で業務をスリム化して利益を出していく。
反面、マニュアル化された人はだんだんと考えるのを止めていくので、イノベーションを推進したり、新規事業をつくったりして再び「人中心」で事業をつくるフェーズを設けることで企業が永続的に成長していくことができる。それを私はCPM（Corporate Phase Management）モデルと呼び、キャッシュカウとなった事業が出る度に組織の中で人中心に運営する事業をつくって常に企業内で新陳代謝を図ることを推奨しています。

成功事例が効率化され、一回りした後、どうやって再び人中心の戦略で事業を伸ばしていくのか。それにはマーケティング発想が必要です。次章ではマーケティングの現場で起きていることを見てみましょう。

第 **2** 章

小手先の戦略だけで走り続けてきた日本企業の現場

People First Branding

「今は…」が頻出するときは危険信号

業績が悪くなってきた企業の社内で、皆さんは、このような言葉を耳にしたことはないでしょうか？


「今は、まず目先の売上を優先するべきだ」

「今は、ボーナスや昇給を抑える必要がある。従業員に理解してもらおう」

「今は、新規商品の開発は置いておいて、既存商品のてこ入れにフォーカスしよう」

「今は、まず不要なコストを洗い出し、できるだけ早いタイミングでカットしよう」

「今は…」「今は…」「今は…」


この「今は」という会話が社内で増えてきたときには注意が必要です。「短期的視点の沼」に陥ってしまっている兆候だからです。私はこれを「今だけじゃない『今は』」と呼んでいます。

なぜなら、こういう会話をしている企業で、この問題や施策が本当に「今だけ」で終わっている企業を私は知らないからです。人間の行動は思考によって司られています。ガンジーの有名な言葉に次のようなフレーズがあります。

Your beliefs become your thoughts,
Your thoughts become your words,
Your words become your actions,
Your actions become your habits,
Your habits become your values,
Your values become your destiny.

私はこの言葉がとても好きで、本当にその通りだなと思っています。

人間はどういう思考をしているかでその後の行動、ひいてはその行動の結果から生まれる価値が変わってきます。「今は」という言い方は大抵の場合「とりあえず今は」という暫定の意味を含みます。この発想は目に見える施策だけは打つけど、本質的な施策にまで目が届かない人がよく使う言葉なのです。

代わりに、本質がわかっている人はこう言います。

「2年間だけ我慢してもらおう」

問題の本質が見えていて具体的な対応策のイメージが湧いている人は、その問題の解決まで、おおよそどの程度の時間や人手などのリソースを要するのかのイメージがついているのです。

「今だけじゃない『今は』」を繰り返している短期的視点の沼にはまっている企業はどんどん本質から離れていきます。それはすなわちビジネスの本質である顧客から離れていくということです。これが、本来顧客視点で考え、企業のイノベーションのけん引役となるはずのマーケティング部内の歯車も少しずつ狂わせていきます。

小手先の戦略で本質を見失ったケースとして、まずはマーケティング部の苦悩を見てみたいと思います。

顧客不在で迷走するマーケターたち

私は10年以上、マーケティングの仕事を経験してきました。マーケターが売上を伸ばしたいと思うとき、まずはどうやって競合に勝つかを考えます。その勝ち方としてよく言われるのが「差別化」です。

マーケターは、よくも悪くも人と違うことに価値をつけたり、見つけたりするのが上手な人たちです。また普段は、それがとても大きな武器となり、新しいことを生み出す源泉となっています。しかし、この力も窮地に追いやられると悪い方向に出ることがあります。本来売れないものを何とかして売ってやろうと思ってしまうのです。

その例を探せばキリがありませんが、私の実体験のお話をひとつしたいと思います。

昔、インスタントコーヒーの商品開発を進めていた時に、ある大手のインスタントコーヒーメーカーの方とお話をする機会がありました。その方は、なかなか売上が伸びない商品を何とかしたいという想いで、様々な試行錯誤を重ねていました。その結果、ある施策を発見して現在プランニング中だと言います。

「矢野さん、ちょっとこれ見てもらっていいですか？」

そういって手渡されたカップには半分くらいコーヒーが注がれていました。

「飲んでみてください」

その目の輝きで、私はこれが何か特別なものであると感じました。

しかし飲んでみても、特に特別なことは感じません。2口、3口、ついに最後まで飲み干しましたが、何が特別なのかは最後までわかりませんでした。

「うん、おいしいですね」

そう言い終わらないうちに、横から声がしました。

「底を見てください」

マーケティング担当本部長の声でした。ゆっくり飲み干したカップの底を見てみると、そこには細かいコーヒーの粉がたまっていました。

「インスタントですが、本格的なコーヒーである証拠です。やはりマーケティング的には本物感を打ち出すべきだと考えていましたが、他の製品ではこのように飲み干した後にカップの底に粉がたまることはありません。これは大きな差別化になります。『飲み干した後、カップの底を見てください』。これを消費者に訴求していきたいと思います」


私はその説明を聞いて、「なるほど～」と言うのが精いっぱいでした。

この特徴を出すために大変な技術革新があったのだと思います。しかし、飲み干したカップの底に粉がたまっているのを見た消費者はどう思うでしょうか？「レギュラーコーヒーのように、きちんと豆を挽いているのだ」と思う人もいるかもしれませんが、「粉っぽいコーヒーだったんだ」と思う人もいるのではないでしょうか。実際に私は後者でした。

一般に日本の消費者は食品に対して品質の部分では完璧志向が強い傾向があります。飲み終えた後、何かが残っているというのは、完全に溶けていないなど品質的に問題があったのでは？

と思う方も多いのです。少なくとも、「クリアな味わい」という訴求をしたい場合は逆行するイメージを植えつけるリスクがあります。

消費者の反応がどうなのか、その点にしっかり想いを馳せる前に、もうマーケティング施策の話が進んでいる。これでは顧客不在もよいところで、追い込まれると一流のマーケターであっても功を焦るのです。その後、その商品が市場で話題になっているという話を聞いたことがありません。

この例に限らず、モノが溢れ、競争が激しくなった市場で短期的な売上を求められたときは要注意です。

どんなに小さくてもよいから競合との違いを一生懸命探して大々的に訴求する。ちょっとデザインを変えてリニューアルという名のもとに新規配荷の獲得を狙った売上増を計画する。短期的視点の沼に陥ると、とかく顧客視点を忘れがちになります。自分の企業でそういう危険性がないか、今一度考えてみてください。

「値下げ」「販促」で終わるブランド会議

短期的視点の沼の一番の問題は事業の本質、すなわち顧客が不在になるリスクがあることです。

顧客不在のまま企業が売上拡大策に走ってしまうと、まず最初に影響を受けるのがマーケティングです。そして、マーケティングの歯車が狂ってしまうと、商品やサービスが顧客に届くまでのバリューチェーンすべてに影響していきます。さらに、マーケティングは顧客起点で企業のイノベーションを起こす中心の役割を担いますので、短期的視点の沼に企業が侵食されている状態ではマーケティングの強みが活かされず、イノベーションは起こりません。売上を拡大したいはずなのに、これでは本末転倒ですね。

短期的視点の沼に侵食されている企業で顧客不在になるのはマーケティングだけではありません。商品やサービスが顧客の手に届くまでに存在する他の部署、とりわけ顧客の近くにいる営業や開発の現場でも大きな問題が発生します。

業績が傾いた状態では企業は利益を確保するために、売上に直結しやすい営業の最前線で必要になる予算を優先し、マーケティング費、人件費、開発費などを削減しにかかります。予算が削られたことで、他の部署のサポートが薄くなった営業に他部署からの期待が一気にのしかかるのです。当然、営業部は必死になります。

「もっと値段、落とせないの？」

「何か販促アイデアないの？」

各部署が集まって議論するブランド戦略会議。その中で議論される内容は自ずと営業施策中心になっていきます。

営業としては、商談の中で最も確実に勝ちにいけるのは価格、その次が他ではやらない「御社だけ」の特別な販促提案です。どうしても、そこを引き出したい。なぜなら、これらを現場で提案できると、新規の配荷が勝ち取れるからです。この配荷の量はマーケティングの効果などと違って、すぐに売上効果として現れますので、営業はこれを欲しがるのです。

しかしながら、価格は製造やサプライチェーン、販促はマーケティング施策の影響を大きく受けます。自力だけでは勝てる戦略を立てづらい立場の営業はどうしても他者への要望が強くなります。

穿った見方をすると、営業成績は提示できる価格や特別な販促次第というように他責化することも可能です。製造やサプライチェーンが価格を下げてくれたら、ファイナンスが販促費を出してくれたら、マーケティングがアイデアを出してくれたら、というマインドセットになっていきます。

そして毎回の会議では、
マーケティング部「なぜ配荷が増えない？」
営業部「それなら価格を下げさせてほしい」
営業部「特別な販促をつけてほしい」
ファイナンス部「配荷が見込めるなら予算をつける」

というような堂々巡りの議論を1時間以上もしてしまうことになるのです。短期的視点のもとでは、誰も顧客、特に最終ユーザーの本音（インサイト）から発想できなくなっていきます。

一方で、営業は売れなくなるリスク減らしにも腐心します。お客さまからのクレームをいかに減らすかという点に必要以上に注力してしまうのです。私がメーカーで経営をしていた時の経験ですが、お客さまからクレームが１００来たとして、実際にメーカー起因による問題は実は50もありませんでした。ほとんどの月で30%程度だったと記憶しています。

もちろん、30%でもメーカーとしては大きな問題であることは間違いないのですが、大抵の場合、30%以上の労力をかけて対応しているケースがほとんどです。なぜなら、売上に腐心する営業ではお客さまにマイナスになることは徹底して避けようとする気持ちが強くなります。特に日本では品質は大きな問題になりがちです。そこで挑戦的な商品を出しづらくなっていく。これは、企業の未来をつくる開発部門にしわ寄せが行きます。

ちょっとクレームが入った、お客さまが返事を急いでいる。こういった要望を実にそのまま品質管理部門に届け、品質管理部門はときとして開発部門と一緒になって問題に対する回答をしていかないといけません。結果として新商品の開発に手が回らず、人件費だけがかさんでいきます。短期的視点での企業運営は前線のみならず、開発や製造においても後退を余儀なくされるのです。

日本のモノづくりの未来という視点で考えると、これらの現実は競争力のある商品開発やマーケティングを生み出す強い土壌を耕す機会を奪い、安易で確実（と感じる）施策に流れることで、将来の自分たちの打ち手をどんどん狭めてしまっています。

今、海外の市場で切磋琢磨の中から生まれた商品が日本市場に進出してきた場合、果たして私たちは戦うことができるのでしょうか？　消費者の本質を考えずに、隣の企業の製品に勝つことだけを意識した競争は、国境のない自由競争の中で、将来の市場にリスクをもたらしてしまっていることに私たちは、そろそろ気づかなければなりません。

人を資本として見る視点から事業再生を考える

これまでお話ししたことは一例ですが、実体験でもあります。一方で、経営者としての経験から言うと、経営が厳しい状況の中で短期的視点になることを否定されてしまったら、正直とても難しい舵取りを迫られると思います。

厳しい状況で短期的視点の考え方になることは、ある程度は仕方がありません。問題は短期的視点になったとき、何からスタートして物事を考えるか？　です。私はこれがとても大事だと10年以上の経営経験、そして十数社のコンサルティング経験の中で感じてきました。

大抵の企業は、短期的視点になった時に「企業」から発想をスタートします。まずは企業を元気にする。そうすれば従業員にもお客さまにも十分に還元していくことができる、と。

それでは、ここで言う企業とは何か？　大抵の場合は財務諸表から見ている企業であることが多いです。つまり、利益を改善する。そのためには売上を上げる、もしくはコストを下げる。固定資産が負担になっているのであれば売却する。

そして、売上を高めることが目的になるので、前述の配荷、価格、販促などの議論に偏っていきます。しかし、最も短期的に、そして効率的に売上を上げる施策だと思われているところに議論とリソースを集中しているのに、結果が出ない。これが短期的視点の沼でお話ししたことです。

こうした状況になっているとき、人はコストとして見られています。人件費として翻訳され経営上、解釈されるのです。なので、経営的に苦しくなってきた企業は人員カットという手段に出ます。しかも最後の手段と言わずに、むしろまずは人員をカットしてスリムになってから考える、初動の施策として位置づけられることも多くあります。それが必ずしも効率的もしくは効果的でないことは前述の通りです。

それでは、事業を再生させるときにどのように考えていくべきなのでしょうか。もちろん、ここまで述べてきたように、私は逆に「人」からスタートすべきだと考えています。

人をコストとして見るのではなく、資本として見る。その人にいくら投資したらどのくらいのリターンが見込めるのか。という考え方です。人への投資効果を見る、主な指標は生産性です。一人ひとりの生産性を高めるのに、どこに投資したら売上が上がるのか？　そもそもなぜ生産性が下がっているのか？　その問題を取り除くにはどうすればよいのか？　をまず考えます。

商談の時間は変わらずに売上を2倍にする

私が酒類を扱う企業の経営をしていた時の話です。この企業はそれまで10年間、基幹ブランド1本で事業を支えており、売上は10年間、ずっと右肩下がりでした。事業売却の話もその中で何回も出たそうです。なんとか黒字は維持していましたので存続はできていましたが、経営は苦しかった。私がマネジメントとして入社した時にアメリカ本社の社長から言われた第一声は「人件費カットを実行せよ」でした。

その時、先代の社長と私は企業を縮小するのではなく、基幹ブランドと親和性の高い新しいブランドをポートフォリオに持つことで営業担当一人当たりの生産性を上げることを模索しました。要は、営業担当がこれまで1回の商談でひとつのブランドの商談しかできなかったところを、その時間内でもうひとつのブランドの商談もすることで、2倍の売上を上げられるのではないかと考えたのです。この作戦は見事にはまり、新しいブランドをポートフォリオに追加した後の営業担当一人当たりの売上は2倍強、利益は3倍になりました。

もし、この時に人員カットをした後だったら結果はどうだったでしょう? 人手が足りず全国をカバーすることが難しくなり、一気にV字回復というわけにはいかなかったと思います。

企業は人でできている、だからうちは人を大切にするのだ、ということを標榜している企業は多い。しかし、いざ経営の現場を見てみると、人はコストで、実際には数字上の売上やそれを具現化する商品そのものを優先しているケースが散見されます。

マーケティングも同様で、自分たちがしているのは競合ブランドに勝ってシェアを獲得していくことだと思っているマーケターが多いです。しかし、実際にはブランドという相手は存在していません。そこには、ブランドマネジャーという人がブランドを操作しているだけなのです。人がいなければブランドは何もできず、ただしついている人によってそのブランドはとてつもない威力を発揮する。マーケティングはブランドの戦いではなく、ブランドマネジャー同士の戦いなのです。

このように、企業の現場では人の存在を忘れがちです。そして、実は人がすべてをつくっていることを忘れがちです。売上も、商品も、ブランドも、そして企業もすべてはそこにいる人がつくっているのです。よって、短期的視点に迫られた時でも、その人に何を持たせてあげたら生産性が上がっていくのかをまず考えるべきです。

ＳＮＳ時代には、従業員自身が強力な武器になる

業績回復の施策を検討するときに人を資本と捉えて生産性に着眼して考えるようにお話ししてきました。人に何を与えたら状況を打開するブランドをつくれるのか、新規の顧客を開拓できるのか、顧客一人当たりの売上を上げられるのか、売上当たりのコストを効率化できるのか。さらに言うと、現代はその人自身が「武器」にもなる時代です。

いわゆる、「何を言うかよりも、誰が言うか」が大事だということです。昔から言われてきたことですが、現代は企業が発信に使えるインフラが圧倒的に違います。それゆえ、そのパワーが何倍にも拡張されて発揮されるのです。ＳＮＳでの拡散などはその典型と言えるでしょう。

そして、この「誰が言うか」は実は大きな差別化の要素になります。同じような商品でも、それを「誰がつくったか」によってイメージが変わることがよくあるのです。

同じようなポテトチップスが棚に並んでいて、一つはカルビーのうすしお味、もう一つは名もない企業が製造しているご当地ポテトチップス。袋から出してお皿の上で並べてみたら正直違いはわかりません。

そんなとき、競合品とのスペック上の微妙な違いを出して一生懸命に訴えるよりも、自分は何者かを強く打ち出す方が売上への貢献度は大きいのではないでしょうか。製品上の細かい違いを探すのにたくさんの頭を使うくらいなら、つくり手である企業や従業員の物語などを打ち出し、自分たちは何者かをしっかり伝える方が、はるかに得られる価値は大きくなるのです。

そして、こうした「誰が」の情報が大きな価値を生む時代に私たちはいます。もうマーケティングで〝3種の神器〟のように差別化を意識する必要はありません。それよりも、自分や自分たちをもっと理解して、どういう力を持っているのかを把握し、世に出していくことの方が大切なのです。

つまり、現代の戦略を考えるとき、そして課題解決を考えるとき、人を中心に考える発想は今後、必須のスキルとなっていきます。経営の課題も実はすべて人の課題なのです。人の課題に置き換えて考えた時に、未来につながる解決策が見えてきます。

そして、人の課題を解決するには何が必要でしょうか？　人に知覚や行動変容を促すことができる能力、それはすなわちマーケティングです。これからの経営には売上を上げるツールとしてではなく、あらゆる局面を打開し、推し進めていく基礎能力としてのマーケティング力が求められていきます。

人が元気な企業はなぜか信頼できます。つくり手が面白い商品はなぜかワクワクします。ビール業界で言えばヤッホーブルーイングの製品などは見て飲んでワクワクしますよね。

次章からは、マーケティングの力を利用して人を資本として業績を伸ばす「三位一体ブランディング」を紹介していきたいと思います。

第 3 章

つくり手の顔が見える
ブランド戦略
「三位一体
ブランディング」

People

Branding

ブランディングとは何か？

さて、本章に至るまでに短期的視点の沼に陥った企業が抱える顧客不在での企業運営の課題点について、またその課題解決に際して、人をコストではなく、資本と捉えて一人当たりの生産性を上げる発想から、事業再生の戦略を練るべきだというお話をしてきました。

そして、その実現のためには、人の知覚や行動変容を促す専門家であるマーケティングの力が必要であり、マーケティングを単に売上を伸ばす手段としてのみ扱うのではなく、企業運営の基礎能力として全従業員が持つべき能力ではないかとの提示をしました。社内も社外もすべてのビジネスは人がつくっているからです。本章からは、マーケティングの力を活用して、人を資本として捉えて生産性を高める具体的な手法について解説していきたいと思います。

私はこれまで事業会社でのブランドマネジャーやコンサルタントとしてマーケティングの仕事に携わってきました。その経験から、日常的に「ブランド」「ブランディング」という言葉を使うケースが多いです。

それではブランドとは何なのでしょうか？　そしてブランド力とは企業に何をもたらすので

しょうか？　ブランド力を高めるブランディングの方法論、方程式があるのでしょうか？　残念ながらこの問いに正解はありません。

もちろん、学術の世界にはデービッド・アーカー教授をはじめ、ブランドを専門に研究される方がいて、先の質問に対する理論的な説明もなされてはいます。しかしここでは、マーケティングとブランディングを経営に資する手段として活用してきた、いち実務家の視点で論を述べさせていただきたいと思います。

なぜなら実務家にとっては、この問いにどう答えるかによってその人のブランディングに対する考え方や実践論が見えてくるからです。

まず、私の場合にはどう考えているのかについて、お話しします。一言で言えばブランディングとは「商品やサービスの価値を効率的に伝える活動」だと考えています。

よく「マーケティングとは何か？」という問いに対して童話の「北風と太陽」が持ち出されることがあります。強い風を使って無理やりマントを脱がそうとする北風に対して、太陽はその力で気温を高めることで旅人自らがマントを脱ぎたくなる環境をつくった。この太陽の行動を指してマーケティングの本質を語っているのです。

この寓話になぞらえて言うのであれば、ブランディングは、この高くなった気温に「真夏日」や「猛暑日」というタイトルをつけて体験と一体となった知覚を植えつけることです。たとえ外に出ていなくても、人はニュースで「今日は真夏日です」と聞けば、外の気温から察する体験を想像して、マントを着て出て行くことはないでしょう。

この例ではある体験にタイトルをつけることで知覚形成の効率を上げていますが、タイトル以外にも、画像、色、形、音、匂い、感触、味覚、時間、言葉のフレーズ、接客など、その体験を象徴するものと一体になった形で知覚形成し、提供する価値を一瞬で伝えられるようにすることを私はブランディングと定義しています。

ブランディングが消費者に何かしらの刺激を与えて価値を認識させ、消費者が行動変容を起こしたくなる環境をつくることを目的にした活動であるならば、そこで得られる効果はマーケティングと同じとも言えます。しかし、それをより「速く」「印象的に」行う、効果と効率を追求したという意味で、ブランディングはマーケティングから派生した、一手法であると考えます。

旅人のマントを脱がすという目的に対して、太陽はブランディングをせずとも実現しているように、マーケティングの目的、つまりは相対する人に態度変容や行動変容を起こすこと自体はブランディングという手法を使わなくてもできるでしょう。一方で皆さんがブランディングを手法として活用するためには、その基礎となるマーケティングの力が必要になります。

よく「ブランディングには時間がかかりますので、効果を焦らず、予算を削ることがないようにお願いします。今、予算を削るとこれまでの投資が無駄になります」などと言っている方を目にします。

時間が経てば、自ずとブランドの認知が広まっていくのは当たり前の話です。実務家である私がブランディングという言葉を使う際には、もともと認知形成を速くかつ印象的に行うことを目的としたマーケティング活動という認識なので、私から言わせるとこういう発想はマーケター側の甘えであり、一刻も早く今のブランディング戦略を見直した方がよいと思います。

なぜ、いまブランディングなのか？

私が経営とマーケティングのコンサルティングをしている中で、最近このブランディングのお手伝いを要望する企業が増えています。

背景にあるのは、ひとつは既存事業における課題です。市場が飽和し、顕在化された消費者のニーズは、ほぼ充足されている感があり、既存の競争はよいものを安くという価格（価値）競争に収束しがちです。

一方でライフスタイルが多様化したことで、従来のセグメンテーションのように消費者を面で捉えるだけでは足りず、点（個）で捉えていく必要性が出てきました。これは特に、これまでマーケティングを企業戦略の中心に据えてきていない企業から見ると、労力的にも費用対効果的にも難しそうに見えますので、多くの企業は安易でわかりやすい価格競争の中で戦っていくことを決めてしまう。というより、どちらかと言うと、どうしてよいかわからず、価格競争から抜け出すことができなくなっていると言った方がよいでしょう。

その結果、特に市場でシェアが2番手以降の多くの企業は、価格競争に疲弊し、量を追い求める限界を感じて質重視への戦略に舵を切り始めます。いかにして質重視の戦略に転換できるか、と調べていくうちに、付加価値をつけると値段を上げることができる。それをブランディングという手法で実現できるらしい、という結論に行き着くのでしょう。ただ自社内にはそれを推進できる従業員も知識も持ち合わせていないので外部のコンサルタントに依頼するという流れです。

もうひとつは、既存事業の採算性が低く、厳しくなる価格競争とコスト高、人材難への不安から中長期計画の中でも先の見通しが立たなくなり、企業の存続をかけて利幅の大きい新規事業への参入を余儀なくされている企業のケースです。

彼らが求めているのは、付加価値をどうつくるのか？（どうやって価格競争から脱却できるのか？）、社内に知識もリソースもない新規事業をどうやって立ち上げ、世の中に認知してもらい成功に導くのか？　ということです。こうした課題の答えをブランディングが持っていると感じ、挑戦したいという企業が増えてきています。

間違ったブランディングへの期待

ただ、話を聞いて私がいつも直面するのは、〝何を〟ブランディングすればよいのか？　という問題です。

彼らはこれまで一生懸命にコストを削減して効率化を図り、何とか価格競争についていく形でビジネスをしてきました。それゆえ、商品の差別化の重要性は頭では理解しつつも、それを自分たちで生み出す術を知っている方は実は多くありません。

そして、新規事業を計画する際にも、他社がやっていることを見て、「うちもあれをやりたい」ということをよく言われます。「他社がやっていることと全く同じことをした場合、自社が勝つ見込みはあるのか?」そういうことをあまり考えず、どちらかと言うと、今の世の中で売れている企業と同じことをしたら「少しは」自分たちにも獲得できる領域があるのではないか? という淡い期待を抱いてしまうのです。

現実的には、他社と全く同じ商品やサービスで後追いをした場合、市場で生き残っていくには価格で優位に立つしか方法がないにもかかわらず、です。

しかし「新規事業でも価格競争をしたいんですか?」と聞くと、「いや、付加価値をつくり、プレミアム商品でやっていきたいです」という答えがほぼ100%の確率で返ってきます。この付加価値=プレミアムという発想もやっかいです。単価を上げて利益率を高め、儲けを増やしたいという意図が裏にあるので気持ちはわかりますが、必ずしもすべての付加価値がプレミアムに転化されるわけでもなく、むしろ量に向かうことも大いにありえます。

一例をあげると、コロナ禍で回転寿司チェーンのくら寿司は回転レーンに乗っているひとつひとつの寿司皿にカバーがついて常に清潔であることをアピールした結果、客数が伸長しました。これは競合であるスシローなどでは採用されていない独自の付加価値ですが、価格は据え置きにしたため、感染リスクが懸念される中で価値が向上し、量に転化され、成功を収めたのです。もし、この時にくら寿司がカバーがついた清潔なお皿の付加価値をプレミアム価格に転化して値上げしたらどうなっていたでしょうか？

実は、くら寿司はコロナ禍のずっと前から寿司皿にカバーをつけていました。よって、コロナ禍だからという理由で、改めて価格に上乗せするのは難しかったと想定され、特に難しい経営判断をそこでしたわけではないと思います。ただ、付加価値が量に転化されるわかりやすい例だと思います。

一般的には、このように初めから量を取りに行く戦略をビジネス計画初期の段階から描ける経営者は実は多くはありません。ですから、最初は量は少なくても高利益率で、という発想になりがちなのです。

こういう発想に至る理由は簡単で、価格は自分たちでコントロールしやすい反面、販売量はいろいろな影響因子が絡んで予想しづらいため、安全な考え方として不確定な量の想定を抑え、確実に実現できる価格は高めに設定したがるのです。

ただ、本当は価格が上がった時の量への影響はとても大きいのですが、なぜか人はそこを過小評価しがちです。本来は量に向かうのも質（プレミアム性）に向かうのも同じように考えないといけませんし、実際、付加価値を考えていく場合、量に向かうのも、プレミアムに向かうのも必要な労力は一緒です。

量を稼ぐためにたくさんの労力や資金がいるわけではなく、単純にその付加価値が量をもたらすのか、質（プレミアム性）をもたらすのかの違いにすぎず、それら付加価値を探すという作業そのものに対する労力に違いはありません。その選択よりも大事なのは、どちらの方がより自社の強みが活かせるのかという発想です。

しかし、これまで、あまりマーケティングに力を入れてこなかった企業では、この部分を理解せずに、「ブランディングすればプレミアム価格で売れるんでしょ？」という単純な発想に陥ってしまうのです。

従業員の意識改革は単独で行っても難しい

もうひとつ、ブランディングを強化したいと思う企業が直面する課題として、社内リソースの問題があります。最初は外部のコンサルタントに頼ったとしても、いずれは自社で企画・運営できるようにしていきたい。でも、既存事業のやり方に慣れすぎている現場の従業員の発想やマインドセットを変えるのは容易ではありません。

よって、同時に外部の講師を招いて、従業員のトレーニングを実施しようとします。従業員の意識改革をし、新しいビジネスモデルに順応するために、マーケティングのノウハウを植えつけていくのです。

これはこれで、正しいアプローチです。ただ、事業計画とよく乖離が生まれるのがスピード感です。どうしても、これまでのやり方に慣れきってしまった従業員の発想を大きく変えるのには時間がかかります。これは外部のコンサルタントがトレーニングしても、外部からエキスパートを一人、二人採用して組織に新しい血を入れても実は同じです。組織自体を丸ごと変えるくらいのことをしない限り、どうしても時間はかかってしまいます。

組織をブランディングして付加価値をつくる

では、どうすればよいのでしょうか？　私が行ってきたコンサルティングの中で有効だったのは、ビジネス戦略や商品戦略と組織育成をバラバラに行うのではなく、それらが一体化して付加価値を提供する手法です。

商品の強みを探して付加価値化していくだけではなく、言ってしまえば、組織の強みをブランディングし、さらに顧客にとって、それがどういう付加価値になるのかを検討していくのです。

これは、商品やサービスに対するマーケティングの効果、もしくは効率を上げる目的で利用される従来のブランディングの効果に加えて、商品の背景にある企業やそこで働いている従業員と商品の関係性を浮き彫りにし、市場でのポジショニングに影響を与えたり、企業や従業員をブランディングすることで企業へのロイヤルティ向上や従業員に誇りとやりがいを与えたりすることもできます。

パーパスとバリューから顧客への付加価値を探る

マーケティングをより効率的・効果的にする手段としてのブランディングではなく、最終的に企業が抱えるマーケティング上の課題のみならず、企業へのロイヤルティやモチベーション向上といった課題の解決にもつながるような経営視点のブランディング。その実現のために必要なのは、いま流行りでもある「パーパス」や「バリュー」です。

その企業は何をなすために存在するのか？　これを明確にするのがパーパスです。これがあると同じ商品であっても受け手からの見え方は違ってきます。

例えば、地域に根づき、地域を守る姿勢を示したパーパスを持つ地元の有力企業が運営するスーパーマーケットと、世界のライフスタイルを日本に紹介して日本人の生活をより豊かにしたいと考えている企業が運営しているスーパーマーケットではコンセプトから異なってくるでしょう。

最初は消費者にその違いが届かなくても、全従業員がその意識でそれぞれ活動を続けていくことで商品MD、価格、店舗デザイン、従業員教育、接客重点項目などあらゆるオペレーションの内容に違いが出てきて、それらが流通や消費者に感ずるところとなり、ブランドが形成されていきます。

パーパスから発想すると、自分たちはどういう商品やサービスを提供すべきなのかがよく見えてくると話す企業の方が多く、闇雲にプレミアム・高付加価値・高利益率でという凝り固まった発想から脱却することができます。

一方、バリューはいわゆる企業の価値観で、企業ひいてはそこにいる従業員の決断や行動を統制していきます。パーパス同様、こちらも明確にすることで開発する商品やサービス、その売り方についてもイメージが湧いてきやすくなります。

ひとつ例をあげましょう。例えばバリューのひとつに「自社製品の最初のファンになれ」というものがあった場合、商品開発では自分が好きになれる商品かどうかはとても重要な判断基準になるでしょうし、営業担当者も自分が好きになれない商品は開発部隊にファイトバックするでしょう。

そして、その営業担当者がファンになった商品を商談の現場で、どのように顧客に対して売り込むかは容易に想像がつくと思います。この現場で行われる商談自体も、流通の中でどのようなブランドを形成していくのかにおいて、とても重要な役割を担っていきます。

従業員が「第一インフルエンサー」になる時代

もっと言うと、今の時代、忘れてはならないのは、「誰が紹介するか？」がとても大切だという視点です。

この類の話をするとインフルエンサーの話になりがちですが、実は皆さんの従業員が流通や消費者に対する「第一インフルエンサー」になりえるのです。自社商品の機能や開発の背景を知り尽くした従業員をうまく活用して戦力化しない手はありません。そういった意味で「うちの従業員は○○な従業員です」というブランディングができたら商品に付加価値をもたらす強いリソースになるでしょう。

現在のような不確定な時代を生き抜いていくには、誰もが新しいことに挑戦し、新しい利益の源泉を生み出していかなければなりません。そんなとき、商品やサービスの戦略だけを考えるのではなく、一歩ひいて、まずは自分たち、企業や従業員を再定義することが実は新戦略立案への近道だと私は言いたいのです。

私はこの商品やサービスだけでなく、企業や従業員と一体となってブランディングを考える戦略を「三位一体ブランディング」と呼んで、特に苦境に陥った事業の打開に苦しんでいる企業の方々に提案しています。

つくり手の想いが見えるブランド体験は共感を生む

それでは、実際に企業・従業員・商品の三位一体ブランディングにはどのような効果があるのでしょうか？　三位一体ブランディングのメリットとしては、商品やサービスだけのブランディングに比べてユーザーの共感を生みやすいという特徴があります。

その理由はシンプルで、「人の顔が見える」からです。

今の時代、人の顔が見えるビジネスをすることはとても大切で、かつ有効です。商品やサービスにどのような人や想いが介在しているかを知ることで、単なる商品の便益だけで購買を決定するところから、共感なり自分事なり、それぞれの消費者が自分なりの解釈を加えながらブランドのイメージを形成していくからです。

その浸透における強さは、単なる商品便益を刷り込んだだけのブランドイメージの強さとは、自分事になっている分、比べ物になりません。そして、もうおわかりだと思いますが、そうなると商品の差別化（何を言うか？）に加えて、売り手のイメージ（誰が言うか？）そのものが商品の新たな差別化要素となり、お客さまに選んでもらうことが可能になるのです。

私は「商品の差別化は考えなくてよい」ということをよく言うのですが、その背景にある考えはここにあります。無理に小さい違いを見つけてそこに価値をつけようとするよりは、売り手である自分が何者なのかを知ってもらう。そうやってつくり上げたブランド体験の方が強力だからです。

そして、これからは、ますます顧客のインサイトとつくり手の想いをつなぎ、その関係性を見える化することが、強力な共感を生むブランド体験の構築につながる時代になっていきます。

「トヨタイムズ」キャンペーンが目指すもの

トヨタ自動車が行っている「トヨタイムズ」というキャンペーンをご存じですか？　出演者の香川照之氏のスキャンダルで２０２２年10月現在、今後に向けた見直しをしている最中だと思いますが、トヨタ自動車の社長（開始当時）である豊田章男氏を編集長役である香川氏が追っかけてレポートするのを中心に、トヨタの今を広告という形でお知らせするというものです。その後、新社長への交代で活動を再開しました。

私はこのキャンペーンに一切かかわっていませんので、真の趣旨はわかりません。ただ、一マーケターとして見て、三位一体ブランディングを実現していくには、とてもよいプラットフォームをつくったなと思いました。

車のデザイン性や機能性だけでなく、つくり手の想いや苦労、ここは絶対に他社に負けないという自信などを知ってもらう。商品のブランドにトヨタという企業、そして豊田章男氏という人のブランドを重ね合わせて、より深みのあるブランディングが可能になります。

あれだけの大企業になると実は社内でもなかなか社長の想いというのは浸透しにくくなっていきます。それを発信するプラットフォームとして、最も注目を集めるテレビを含めた広告という形で行うのは新しい発想だと思いました。

またこのキャンペーンは消費者の購買行動の観点から見ても理にかなっています。

皆さんは車を買う時、何を重要視して決めていますか？　おそらく、ほとんどの人が、用途に応じた車種、メーカー、車名、ディーラーとの関係、価格帯などを中心に決めているのではないかと思います。ここで注目なのが「どのメーカーであるか？」が購買判断基準に入っているということです。

人々は車の購入または買い替えを検討する際、やはり用途や見た目、ステータスなどで選ばれる要素が大きい中でも、安全性や耐久性など家族の安心を預けるものとしてメーカーとの信頼関係が大きく影響していることを示しています。信頼を醸成するようなコミュニケーションは、なかなか15秒、30秒のテレビCMだけでは実現できない中、このような発信型のプラットフォームを持てば、様々な接触の仕方で消費者に情報提供していくことが可能になります。

いずれにしても、ブランド体験のつくり方として無限の可能性を検討することができる。つくり手としてはワクワクするプラットフォームだと思います。もちろん、トヨタはモノづくりの企業ですし、車（製品）に対する強い愛着を持った従業員も多いでしょうから、車でなく社長ご自身を全面に出したテレビ広告の在り方には社内ではいろいろな意見があったと思います。そういった意味では、内容的にはまだ改善の余地があると思います。

企業の想いと従業員のイメージをお客さまのブランド体験という部分にシンクロさせることができたとき、消費者にはより共感や信頼を生むコミュニケーションが実現します。それと同時に、従業員にも誇りややりがいが生まれるでしょう。せっかく素晴らしいプラットフォームをつくり上げたので、新社長の体制でもさらなる進化を期待します。

従業員のブランディングはパフォーマンスにつながる

三位一体ブランディングでは、従業員もブランディングの対象になります。実は、これはブランド体験に深みをもたらすだけでなく、顧客にとっての第一インフルエンサーである従業員のパフォーマンスを高める効果もあります。

皆さんは従業員のパフォーマンスが上がるときとは、どんなときだと思いますか？　スキルが向上したとき、目的が明確になったとき、やる気が出たとき、チームの雰囲気がよくなったとき、成長が実感できて、より高いチャレンジに前向きになったとき…といったところでしょうか。

それでは、従業員はブランディングをされるとどう感じ、どういう行動をとるようになると思いますか？　例えば、トヨタの従業員を「世界一、車に詳しいメカニック」とブランディングしてみるとしましょう。

従業員はこのブランドイメージに恥じないように、まずは車のことを一生懸命に勉強すると思います。そして企業はもちろん従業員をそういうイメージで育成しようとするので、評価指標にも加えていきます。そうなると車のエキスパートになればなるほど社内的にも評価されていくようになります。世界一と謳っているので常に競合他社はもちろん、社内でも負けないように成長を目指していきます。

そして、車という商材は一般消費者にはわかりにくい。でも命や暮らしにかかわる重要なものであるため、その知識や提案力は顧客にとって買う理由に直結し、顧客満足を高めます。満足した顧客と接することでよりやりがいを感じていきますし、必然的に売上も伸びて企業の成長に貢献していきます。結果、昇給やボーナスにつながってまた頑張る原動力になっていきます。

このように顧客体験の強化と従業員のモチベーションに直結するブランディングは商品のブランド体験に深みを与えるだけでなく、従業員にやる気と誇り、そして成長への原動力をもたらすのでパフォーマンスが上がっていくのです。

こうした施策は単に評価制度を変えたり、ボーナスなどの一時的な報奨を増やしたり、休憩所をつくるなど福利厚生を厚くして過ごしやすい環境を整える以上の効果があります。なぜなら、マズローの欲求モデルで言うところの承認及び自己実現の欲求に訴えかける施策だからです。

一方で給与などの報酬での対応は、マズローの欲求モデルで言うところの安全の欲求を充足させるものになります。皆さんは、経済的に安定した暮らしを求めて仕事をしている従業員と承認欲求や自己実現欲求を求めて仕事をしている従業員、どちらが組織にイノベーションを起こしてくれると思いますか？

自明ですよね。企業はより高い次元の欲求を持った従業員がやる気になって初めて成長していくことができるようになるのです。そして、そのやる気のスイッチを、従業員をブランディングすることで押すことができます。

事業拡大の選択肢を増やす「三位一体ブランディング」

さらに、三位一体ブランディングは事業拡大への選択肢を増やすことができます。

企業、従業員、商品それぞれのブランドエクイティ（イメージなどのブランド資産）がシナジーを起こして最強の顧客体験をつくり出すことができれば、事業を広げる切り口が単なる商品だけのブランディングのケースと比べて便宜上は、3倍になるということです。

例えば、消費者に商品を知ってもらうに際しても、通常は商品のイメージと便益をメディアを通じて知ってもらう施策をとることが多いです。しかし三位一体ブランディングの場合、それに加えて、企業に興味を持った人が商品を知るようになったり、接した従業員から商品に興味を持ったり、様々な接触機会の設計が可能です。

また、ラインエクステンションなどのブランド拡張戦略を検討する際も、通常は商品のブランドエクイティが及ぶ範囲を見定めて消費者インサイトとのひもづけから検討していきますが、三位一体ブランディングが実現できている場合だと、企業や従業員ブランドからの発想が可能になります。これらについては、詳しくは後続の章でお話ししていきたいと思います。

ジャパンブランドがつくり出す「三位一体ブランディング」事例

今回、紹介している三位一体ブランディングですが、実は海外市場における競合関係の中ではすでに（結果的にですが）実行されているケースがあります。いくつか例を挙げてみましょう。

例えば、サービス業です。日本の鉄道といったら皆さんはどんなイメージを持つでしょうか？おそらくほとんどの人が世界一の正確性と答えると思います。日本の鉄道は世界一時間に正確に運行されているのではないでしょうか。それは決して車両や運航機能、コントロール制御などのシステムが世界に先駆けて優れているからという理由ではありません。細かいところにこだわり、相手を気遣う文化を持った日本人がつくったものだからできたサービスだと考える人が多いでしょう。

もっと言えば、仮に同じ性能の車両やシステムを使っていたとしても、細かいことを気にしない国民性の国の方が運航していた場合、果たして同じ知覚形成になるでしょうか？　こうした

〝日本〟というブランドに抱かれる知覚品質は、鉄道だけでなく、航空、運送などの世界でも同様の安心感のある体験を提供しています。観光などの分野においては、おもてなしの精神から来るきめ細かなサービス・体験が売りになっています。

先ほど、例であげたトヨタに代表される自動車メーカーも、同じように日本人という人から導き出されるブランディングで世界から信用を勝ち取った成功例になります。高度経済成長時代から続く日本車への信頼は今でも揺るがず、安心や品質の部分では世界のトップレベルを維持しています。

また、食品においてはその高い安全性から海外でも高い人気を誇っています。お金に余裕があり、意識が高い中国人は自国の製品品質を信用せず、わざわざ日本製を購入し、ときには輸入してまで日常的に購入しているそうです。特に赤ちゃん用のミルクなどへの信頼は圧倒的で、私の友人の中国人の方は「日本製以外のミルクを飲ませたことはない」と言っていたほどです。

また、オンラインショップの世界でも、特にその配送品質については群を抜いています。破損率とオンタイムデリバリーに気を配り、ショッピング体験を向上させるだけでなく、過剰包装とも取られがちな梱包デザインで顧客体験を最大化しています。また翌日、場合によっては当日配送を実現することでどんどんオフラインでのショッピングとの垣根を外していこうと努力しています。

日本人というイメージがその実現をサポートしているのは言うまでもありません。

これらは積極的に日本人をブランディングした結果から生まれたものではなく、日本のモノづくりから生まれた商品使用の実体験を通して、日本人を知り、それが商品への信頼に回帰していった形です。

これを三位一体ブランディングでは戦略的に設計して、顧客体験を最大化しようと試みます。

次章以降では、その具体的な実現方法について説明していきます。

第 4 章

「三位一体ブランディング」

STEP 1

「企業」の
ブランディング

「パーパス・ブランディング」の可能性

それでは、さっそく企業、従業員、商品をブランディングして業績と組織を一緒に成長させていく「三位一体ブランディング」の実現プロセスについてお話ししていきたいと思います。まずは「企業」のブランディングから、始めます。

これまでも企業のブランディングは一般的に行われていましたが、企業そのものの認知形成を目的にしたものが多く、あくまでも企業目線から発信されるブランディングが主だったと感じています。

一方で、三位一体ブランディングでは企業を顧客目線でブランディングしていきます。そうすることで単に企業だけでなく、事業や商品に対する共感や信頼を生み出し、顧客にとって自社商品を「選ぶ理由」をつくりだしていきます。この共感や信頼を生み出す企業ブランディングとして、皆さんが最近よく耳にするのが「パーパス・ブランディング」という言葉ではないでしょうか？

パーパス（Purpose）とは、そのまま訳せば「目的」の意味です。しかし、いまビジネスの世界では、この一般名詞を「企業が社会に存在する理由」と捉え、経営上の意思決定に大きく影響を与える重要な指針として重視する流れがあります。

ここで言う「パーパス」は、従来「ミッション」と呼ばれたものと似ていますが、私個人の認識ではミッションは（株主や市場など）対外的に存在する目的を満たすため、企業が果たすべき役割もしくは遂行すべき事柄という意味合いが強く、その設定に際しては外的な要因に影響を受けることが多いと感じています。

一方で、パーパスは創業者の想いがそのまま言葉になるなど、より内的な想いから設定されることが多いと感じます。どのような外的要因に影響を受けたとしても、必ず創業者や経営者の想いがパーパスには込められている必要がある。株主や市場から求められる「役割」ではなく、あくまでも自らが成し遂げたいと思う「目的」を持つことが重要であるという概念と捉えています。「役割」はどちらかというと〝与えられる〟イメージが強いため、対外的に改めて知ってもらおうという発想が生まれません。一方で、自ら設定した「目的」については、そこに込められた想いを共有したり、共感してもらいたいという意識につながるのは自然なことです。ですから、パーパスでは近年よく聞くようになった「パーパス・ブランディング」という言葉がある一方で、これまで使われていたミッションでは「ミッション・ブランディング」という発想は生まれてきませんでした。

さて、前置きが少し長くなりました。すでに触れた通り、近年「パーパス・ブランディング」という手法が注目されています。これは内なる自分たちの想いを社内外の関係者に知ってもらい、共感や信頼を得ようとする活動を意味します。三位一体ブランディングの企業ブランディングにおいてもパーパス・ブランディングはそのベースになっていますが、業績と組織を一緒に成長させる原動力のひとつとするには、現状の使われ方からは進化が必要です。

このパーパス・ブランディングの目的は、自社の存在意義を社内外に広げて、企業のブランディング活動につなげていくことにあります。本来、それは社内に対する働きかけによる従業員のモチベーションアップなどの内的な施策にとどまらず、コモディティ化した市場においては、対外的にも力強く打ち出すことで企業やそこで働く従業員が生み出した事業に対する共感や信頼を得て自社商品に新しい「選ばれる理由」をもたらす活動にもつながります。

しかしながら、現在よく見られるパーパス・ブランディングは主にパーパスの認知形成、つまり顧客に選ばれるという観点でパーパス起点から事業への共感や信頼を創出するという本来の目的よりも、どちらかと言うと企業姿勢をパーパスとして表現し、それを伝えていく、「発信」に主軸を置くスタンスをとっている企業が多いのが実態ではないでしょうか？

発信だけだと、企業は昔から企業PRという形を含め、同じような目的の活動をしてきています。いわゆるバブル期に流行したCI（コーポレート・アイデンティティ）ブームもその典型と言えるでしょう。現在、行われているパーパス・ブランディングは、この企業PRに少しばかりのクリエイティブアイデアを追加した形で展開されているケースが多い印象です。

一番端的な例は、名刺のデザインを変えてキャッチコピー化されたパーパスを刷り込んだり、テレビコマーシャルの最後に企業名と一緒に、そのキャッチコピーを展開したりといった形ですね。ひとつ例をあげると、三菱UFJフィナンシャル・グループ（MUFG）の「世界が進むチカラになる。」などのパーパスがあります。

私はこのパーパスは企業が業界の中でどういう存在になりたいのか、そのために何をすべきかを端的に表した、とても秀逸なものだと思っていますが、果たして世間の人々はMUFGに対して、世界を前に進める原動力に不可欠な存在、もしくは最も頼れる存在だと認識しているでしょうか？　銀行や信託銀行の通常の広告の最後に、「世界が進むチカラになる。」というキャッチコピーを入れただけでは、なかなかその想いは浸透していきません。そこで発せられるメッセージ、すなわち広告のストーリーやビジュアル表現と一体となって、初めて見ている人々はそのパーパスに込められた想いに触れていきます。

とても素晴らしいパーパスを掲げているので、きちんとこのパーパスを起点に事業や商品のコミュニケーション戦略を考えていくと、その想いが人々に知覚されて、企業や従業員、そして事業に対する信頼や共感が生まれていくでしょう。

発信を主眼としたパーパス・ブランディングのもうひとつの形として、特に海外で目にするソーシャルグッドの流れがあります。これはパーパスを本来の意図である企業自体の存在意義を扱うことから少し離れ、社会貢献的な側面から企業の「姿勢」を伝え、共感を得ようとするものです。よって、そこには企業が通常、向き合う本来の顧客の姿は希薄です。

このケースで現状、成功していると言われているのは、パタゴニアやコリン・キャパニック選手を起用して人種差別反対の姿勢を提示して話題になったナイキなどの事例です。これら企業の社会的活動は多くの共感を呼び、企業イメージを向上させることに成功していますが、その社会活動がパタゴニアやナイキの事業そのものにおける本来の価値や存在意義を十分に表しているかといえば疑問が残ります。

そうした意味では、これらソーシャルグッドを重視する活動そのものは、本来のパーパス・ブランディングとは少しかけ離れているように感じます。パーパス・ブランディングの本来の目的は、企業の存在価値や意義を事業上の顧客と結びつけ、強く永続的な関係性を事業として築くことにあると考えるからです。創業時の想いや事業目的＝社会貢献でない限り、ソーシャルグッドな活動がパーパス理解のためのメッセージとはなりえないのではないでしょうか。

現在、世にあるパーパス・ブランディング活動は、前述のような効果が限定的なＣＩ的な活動やソーシャルグッドの活動を除くと、対外的に発信されたコミュニケーションを目にするケースは少なく、社内の意識改革で成果を上げるにとどまっているケースがほとんどではないでしょうか？　意識がバラバラだった社内を自社の存在価値を明確にし、浸透させることで開発される商品の方向性が明確になったり、展開すべき事業が整理されて業績を伸ばしたりといった目的での活用です。

もちろん、それらが悪いというわけではありません。むしろ、素晴らしい成果だと思います。ただ、組織の中にいる人の顔が見えることが重要な現代においては、パーパス・ブランディングはもっと大きな力を秘めています。

しかし、その可能性の発揮は人々の共感を得ることを目的にしながら、一方通行のコミュニケーションを繰り返すだけでは実現しえません。パーパスがどのように消費者の行動変容を起こすのかという戦略に基づいたコミュニケーション設計が必要です。この戦略があることで、人の態度変容を促し、共感を醸成し、マーケティングにおいても商品の付加価値づくりに貢献し、業績に直結していくことになるのです。

この章では、最終的な業績につながるよう、商品・サービスの付加価値づくりにつながるパーパス・ブランディングの方法論について考えていきたいと思います。

社会そして市場から選ばれる企業のブランディング

パーパス・ブランディングを企業の事業や商品・サービスに付加価値を創出するレベルの活動に仕上げるには、まず当然ながらパーパスの明確化が必要です。しかし、そこで陥りやすい失敗が、パーパスが単なる企業の行動の方向性を示す「掛け声」になってしまうケースです。

例えば、「わが社は優れた技術の力ですべての家庭の健康を守る」といったパーパスを掲げている製薬会社があったとしましょう。

パーパスとは、本来企業の存在意義や存在価値を表すものなので、このパーパス自体はきちんと社長以下、従業員全員の想いが込められている限りは、特に何も問題ありません。人々が自らの健康を守っていくために、この企業の商品を選び続ける限りは市場に存在する意義があるからです。

また、社内の行動ベクトルを同じ方向に向かわせるという目的に際しても機能します。企業活動の中では技術力を磨いていくことに価値が置かれるようになり、従業員は人々の健康を守るという目的に沿って商品開発などの活動を行っていくでしょう。

一方で、このパーパスを聞いた消費者はどう思うでしょうか？

「我々の健康のことをそこまで思ってくれるなんて、なんてよい企業なんだ！」こう思ってくれたらしめたものですね。企業に対する共感が生まれ、この企業の商品は消費者から選ばれ続けていくでしょう。

ただ、一般的にはすべての製薬会社の商品は人々の健康を守るためにつくられているものです。そして、そこに技術が介在することは周知の事実です。よって、このパーパスはある意味、製薬会社として当たり前のことを声高に言っているだけなので、そのままコミュニケーションしても受け手の心には響かないのではないでしょうか。

そこで、よくあるのが広告会社に依頼して、このパーパスを様々な制作物の形に落とし込みながらインパクトを演出したり、エモーショナルな仕上がりで共感を得ようと試みるやり方です。「名刺に刷り込んでみましょう」とか、「企業広告を制作して大きく打ち出しましょう」といったものなど、様々なレベルの施策があるでしょう。しかし、そのほとんどが、投資した金額から考えると十分な成果が得られているとは言えないのではないでしょうか。

なぜ、こうした施策が空振りに終わりがちなのか。それは、多くの場合、コミュニケーションのターゲット設定が不十分なまま、パーパスを伝えるコミュニケーションの設計がなされているからです。パーパスの発信に際して、実はターゲットを明確にするという重要性を忘れている企業は多いと思います。

「誰」を喜ばせたいかは、明確か?

パーパス・ブランディングにおいても、マーケティング戦略で言うところの「ターゲティング」が重要な役割を担います。なぜなら、パーパス・ブランディングの結果、人々から共感を得たいのであれば、人々の「何」を満たしてあげたらよいのかを理解する必要があるからです。

そして、皆さんがご存じのように人の価値観は多様化しています。すべての人々が同じ「何か」を満たしてほしいと望んでいる場合もあるかもしれませんし、ある特定の人々だけに共通する、共感の種を持っていることもあるかもしれません。いずれにしても、まずはブランディングの先にいる人々のことを理解しないとコミュニケーション設計は始まらないのです。

先ほどの製薬会社の例で言うと、誰のどのようなニーズに寄り添おうと考えることから、「すべての家庭の健康を守る」というパーパスが意味のあるものになったり、企業としての存在意義が明確になったりして、もう少し意義のあるものとして機能します。

例えば日本でも昨今、格差が広がっていると言われています。そこで国民皆保険制度をとっているとはいえ、すべての人が必要な薬を手に入れることができなくなる…という課題が顕在化してくるかもしれないという仮説を設定してみましょう。

「わが社は優れた技術の力ですべての家庭の健康を守る」というパーパスを掲げる企業が、こうしたニーズに寄り添おうとするならば、あえて新薬開発は行わないで、既存薬を技術革新の力で安価に製造することにフォーカスするという選択肢もあるでしょう。このような意味をもって、設定しているのであれば、先のパーパスは、特に金銭的な問題で疾病の治療に課題を持っている層が対象になります。

この場合、パーパスは次のようにすると効果的でしょう。

「わが社は優れた技術の力で、すべての人が必要な薬を手に取れる世の中をつくっていく」

ここで、パーパスがすべての家庭を守る（薬を提供する）ことから、すべての人が薬を手にすることができる世の中をつくることに変わりました。これにより、今、薬が買えない人にとって、より自分事と感じることができるようになり、共感と希望が持てるような発信になります。

もちろん、パーパスを変えなくても、ブランディングする際に健康を維持するために金銭的な不安を抱える層への意識を盛り込むだけでも伝わり方は変わってきますので、パーパスを変えること自体は必須ではありません。大事なのは、パーパスに込められた想いがきちんと響く人に届いているかどうかです。

「誰」が発信しているかは、明確か？

パーパス・ブランディングを考える上で、もうひとつ大切なことは、誰が発信しているのか、です。

そのパーパスはどういった人がどういった想いで打ち出したものなのか。これが明確に伝わると、人々はそのメッセージに奥行きを感じ、ひとつのストーリーとして伝わっていくのでよりパワフルなものになります。

パーパスの明確化

	オリジナル	ターゲットを明確にした場合	発信者を明確にした場合
パーパス	わが社は優れた技術の力ですべての家庭の健康を守る	わが社は優れた技術の力で、すべての人が必要な薬を手に取れる世の中をつくっていく	世界中から集まった優秀な開発者集団の技術の力ですべての家庭の健康を守る
ターゲット	世の中全般	貧困層	顕在的・潜在的 難病患者
発信者	製薬会社	製薬会社	世界中から集まった優秀な医薬品の開発者集団
顧客の共感ポイント	なし（製薬会社として当たり前の役割）	誰でも必要な薬を手にできる世の中をつくることへの共感	難病の薬でも家庭で簡単に入手できる世の中への共感と期待

再び、先ほどの製薬会社の例でいくと、パーパス設定に至った背景として、その企業がどういう人たちでどういう想いからそのパーパスを掲げたのか、というストーリーを考えてみましょう。

掲げたパーパスは、「わが社は優れた技術の力ですべての家庭の健康を守る」でしたね。ここで、もしこの企業が世界中から優秀な技術者を集めた企業だった場合、このパーパスのメッセージはどのように受け止められるでしょうか？

「世界中から集まった優秀な開発者集団の技術の力ですべての家庭の健康を守る」

今度は、すべての家庭の健康を守るという意味が、金銭的な不安を抱える層まで含めたすべての家庭に提供できるという意味ではなく、むしろ、これまで市販の薬では難しかった難病の治療薬も一般家庭で入手できるようになるというストーリー展開が可能になります。

このように、同じようなパーパスを設定したとしても、自分たちが何者なのか、というストーリーを加えると、より人々の共感や信頼を生みやすくなるとは思いませんか。

この例の通り、パーパスは企業の内的な想いが結露したものであるとは言いましたが、その発信に際して、ターゲティングはじめ、マーケティング的なアプローチを取り入れることで、単に聞こえがいい言葉での発信にとどまることなく、また社内浸透のみにとどまることなく、事業や商品に対する世間の共感や信頼を生み、顧客から選ばれる理由をもつくり出すことが可能になります。

ここまで見てきたように、パーパス・ブランディングは、市場において事業や商品に付加価値を与えることができますが、この時にキーとなるのは、ターゲットと発信者、すなわち「誰が」「誰を」喜ばせたいのか、を戦略レベルまで落とし込んで設計することなのです。

ブルーボトルコーヒーに見るパーパスが組織に浸透する強さ

私がこれまでにお世話になった企業にブルーボトルコーヒーがあります。2017年から2020年初頭まで日本支社の代表の立場で経営に携わりました。経営的な観点でも、そしてマーケティング的な観点でも、とても学びの多い企業でした。

ブルーボトルコーヒーは2002年に創業者であり、元オーケストラのフルート奏者だったジェームス・フリーマンがサンフランシスコで立ち上げたコーヒーチェーンです。

ジェームスは以前からあまり、アメリカのコーヒーが好きではありませんでした。当時はスターバックスなどいわゆるシアトル系と呼ばれるセカンドウェーブコーヒーが人気で、どちらかと言うと濃くて苦みのある味が主流でした。

コーヒー豆はもともとフルーツです。生豆のまま食することはありませんが、コーヒーチェリーと呼ばれるその実は、もともと華やかな香りと味わいを持っています。その実を精製して生豆にし、その生豆を焙煎してコーヒー豆をつくり、このコーヒー豆を挽いてお湯で抽出してコーヒーはつくられます。シアトル系のコーヒーは焙煎が深く、挽き目も細かいので抽出すると深くて濃い味わいになり、ミルクとの相性も抜群です。

しかし、ジェームスはこれをよしとしませんでした。もともとフルーツとして持っていた良さをすべて消し去っていると感じていたからです。そんなときに彼が出会ったのが、日本の喫茶店でした。豆によって挽き目も変え、店頭で一杯一杯ドリップさせながら丁寧に淹れる所作とそのコーヒー豆本来が持っている味わいの再現に感動したのです。

なんとかアメリカでも彼が考えるおいしいコーヒーをつくれないか試行錯誤を重ねて、現在のブルーボトルコーヒーの味ができ上がりました。

一杯一杯、目の前でドリップするスタイルの新しさとそれまでにない華やかなコーヒーの味わい、そして建物本来のよさをそのまま活かしてデザインされた店舗の美しさが評判となり、「コーヒー界のアップル」と呼ばれヒットしました。

そういった背景を持つコーヒーチェーンなので、ブルーボトルコーヒーは一杯一杯のおいしさをとても大切にしています。そして、そのおいしさは加工や調理された味わいではなく、素材が持っているおいしさを引き出したものでなければなりませんでした。

ブルーボトルコーヒーが淹れる少し酸味の残った華やかな味わいは、チェリーであるコーヒー豆が本来持っている味わいになります。さらに、おいしいコーヒーを体験する場にもこだわり、コーヒーのよさを伝えるフレンドリーでホスピタリティ溢れるバリスタとおいしいコーヒーを飲む体験を一切、邪魔しないシンプルな店舗デザインがそれまでにないユニークな体験を提供しています。

そのブルーボトルコーヒーが日本に上陸したのが2015年。その2年後に私が入社するわけですが、その2年間ですでに6店舗を展開するカフェチェーンになっていました。入社した私が驚いたのは、創業者の想いが現場の一人ひとりのバリスタ全員にしっかり浸透していることでした。

ブルーボトルコーヒーにはマニュアルがありません。それは、一人ひとりのバリスタが目の前にいるお客さまと人として有機的に向き合うことでおいしいコーヒー体験が提供できると考えているからです。

それでありながら、ブルーボトルコーヒーのバリスタは様々な判断を求められる局面でも、まるでマニュアルがあるかのように全員同じようなサービスを提供します。もちろん、トレーニングもしていますが、何よりもあらゆる局面での発想が皆、同じなのです。

それはすなわち、お客さまの目線から見たら、どの店舗に行っても、同等のサービスを受けられるということです。マニュアルがないにもかかわらずです。

お客さまから「コーヒーがぬるい」とクレームが来たとき、メニュー表にない特別な要求をいただいたとき、お待ちの列が並んで忙しい時にテーブル席のお客さまからカジュアルに話しかけられたとき…。ほぼすべてのシーンですべてのバリスタが同じような行動をとります。私は同じ価値観が組織の末端まで浸透し、共有されている状態にまず驚きました。

この状態は、私がそれまで経験した企業の体験からは考えられないものでした。従来の企業では、企業が考える価値観に賛同している者もいれば、賛同はしていないけれど給料をもらうために文句を言わずに（陰では文句を言っていたようですが）言われたことをやっている者、企業の価値観を共有せずに（もしくは理解せずに）自分本位の行動をとっている者など、様々な人が混在していました。ともすれば、賛同している方が少なかったりすることも珍しくありませんでした。

それほど、企業の価値観と各個人の価値観をすり合わせるというのは経営の視点から見ても大変な作業なのです。それがここまでしっかりできている組織というのは私の経験の中でも初めてでした。

それでは、なぜブルーボトルコーヒーではそれが実現できていたのでしょうか。ここで、ブルーボトルコーヒーのパーパスを見てみましょう。その内容は、とてもシンプルで「おいしいコーヒーをより多くの人に届ける」。これだけです。

しかし、このシンプルなパーパスのおかげで、無駄な解釈を生む余地を消し、全員が同じ価値観を同じ言語で共有することができます。

すべての局面でおいしいコーヒーが好きな人においしいコーヒーを提供することが最優先されるので例えば、でき立てのコーヒーをお客さまに届けることと、列に並んでいるお客さまを店内にお通しすることを同時に行わなければならない状況であった場合も、常においしいコーヒーを届けることを優先しています。もちろん、その際にお待ちのお客さまにはひと声かけるなどホスピタリティも忘れてはいません。

また、おいしいコーヒーを楽しみたいお客さまが対象なので、他のチェーンでは当たり前となっているPCやスマホの電源などは、どの席にも設置していませんでした。

逆にバリスタの中でマニュアルがないために、度々議論になることは「おいしさ」についてでした。おいしいコーヒーというのは誰にとって、おいしいと感じるコーヒーなのか？　ブルーボトルコーヒー（ジェームス・フリーマン）が考えるおいしいコーヒーなのか、お客さまが考えるおいしさなのか？

普通にサービス業として考えれば、お客さまがおいしいと感じることが最も大事という話になると思いますが、ブルーボトルコーヒー社内では常にこのような議論をしていました。

「おいしい」を判断するのはお客さまか、私たちか？　の議論のきっかけになるケースがカフェラテでした。時々、お客さまから「ぬるいから変えてくれ」というクレームをいただくことがあったからです。

原因はミルクの温度です。通常のドリップコーヒーでは大体92度のお湯で抽出していきますが、カフェラテをつくる際のミルクをスチームする温度は60度程度です。これは、ミルクをコーヒーに合わせた時にミルクの甘味をしっかり残しながらコーヒーに合う味わいにするという観点から決めた温度であり、全バリスタが肌感覚でその温度で淹れることができます。ミルクは熱しすぎると甘味がなくなってしまうので、ブルーボトルコーヒーではこの温度でなければ、おいしいとは考えていませんでした。

ただ、スターバックスなどで提供されるラテは常に熱く、通常、日本では熱い状態で提供されることが常識となっているので、飲んだときにちょっとぬるいと「冷めてしまったものを提供されたのではないか」とお客さまは思ってしまい、クレームになるのです。

もともと、ブルーボトルコーヒーを創業したジェームスはそれまでのコーヒーがおいしくないと感じたからブルーボトルコーヒーをつくったので、仮にお客さまからクレームが来たとしても、それこそが本当はおいしいコーヒー(この場合はラテですが)だとわかってほしいという想いが全従業員にあります。ただ、すごいと思ったのが、現場にいるほとんどのバリスタがそれを理解し、実際にお客さまからそう指摘されたときに、「ミルクの本来の甘味を活かした味わいを楽しむにはこの温度が最適なのです」と話し、納得してもらおうとしていたことです。

その後、議論を重ねた結果、お客さまから言われたら、その温度に設定している意図をお伝えした上で、それでも熱めのものをご要望される場合には、つくり直しをするというルールを設定しましたが、外部から入社してきた私には驚きの文化でした。

リーダー自ら組織の文化を実践する

もうひとつ、ブルーボトルコーヒーにはホスピタリティという大事な文化があり、一人ひとりのお客さまと向き合い、おいしいコーヒー体験を創出するサポートをすることを重視します。しかし、ここにおいても、特にマニュアルがあるわけではありません。ですから、各個人でその瞬間毎に考えながら行動していかなければなりません。

それにもかかわらず、なぜブルーボトルコーヒーは、全従業員にホスピタリティを持った行動を浸透させることができたのでしょうか。ここにおいては、創業者であるジェームス・フリーマンをはじめとする各リーダーの行動がドライバーになっていたと思います。

組織内の文化を規定していくことはリーダーの仕事だと思いますが、ブルーボトルコーヒーでは単に規定、定義するだけでなく、全リーダーがそれを実践していました。そして、このリーダーの実践が全従業員の振る舞い方に大きな影響を与えていたのです。

例えば、一人ひとりを大切にするという想いは日本のスタッフ全員が創業者であるジェームスから感じ取っていました。なぜなら、年に1、2回しか来日しないにもかかわらず、彼は一度挨拶したスタッフの顔と名前を憶えていて次回、来た時に必ず自ら名前を呼んで話しかけていたからです。

これは、スタッフからしたらうれしい体験です。「自分のことを見てくれているのだ」という気持ちになります。そういう体験をしているスタッフが「お客さま一人ひとりを見て、おいしいコーヒー体験を提供しなさい」と言われたらどんな気持ちで接客するでしょうか？　ジェームスにしてもらったようにお客さまに接していくことになりますよね。

他にも、スタッフを一人ひとりの人として大切にしているエピソードとして表参道にある2号店の青山カフェの話があります。

青山カフェにはちょっとしたテラス席があるのですが、緑が見えて、とても素敵な景色を楽しめます。通常は、それをどの客席から見たらお客さまの体験として価値が出るかを考えて店内レイアウトに反映していくと思います。しかし、ブルーボトルコーヒーではその景色を最もよく見える場所に厨房をつくることにしました。

お客さまにとっての魅力的な体験の創出にはバリスタをはじめとしたスタッフのホスピタリティがとても大事だと考えていることから、忙しくしているであろうスタッフにもちょっと外に目を向けたら最高の景色が見えるという気遣いなのですが、スタッフはそこで「また頑張ろう」という気になるのです。

ここで大切なのは実際に頑張る気持ちになるかどうかではなく、企業がそういう意図でお店をつくったというストーリーがあることです。こうした背景を知っているスタッフは、自分は企業から大切にされているという気持ちになります。そして、その気持ちをそのままお客さまに届けようとするのです。

少し話が長くなりましたが、このブルーボトルコーヒーのケースからは、いくつかの示唆が得られます。まず、その企業のパーパスをわかりやすく体現できるのは従業員であるということ。従業員の行動により、企業やひいては顧客体験につながる商品のブランディングにまでつながるのです。つまりは、顧客に相対する人の行動が大事であるということです。一人ひとりの従業員の行動が、社外の人に感じられるなかで、パーパスが理解され、さらには共感を醸成していくという流れです。

新しいユニフォームをつくったり、名刺のデザインをリニューアルしたり…。そんな形から入るよりも、リーダー自身が自ら企業の価値観に則って行動する。そんなことからでも、マニュアルがなくともパーパスを体現できる従業員の振る舞いが生まれます。そして、今度は従業員を通して、その価値観がお客さまに届くことで社外に対するブランディングにもつながっていきます。

パーパスが顧客に伝わり、付加価値を創出するようになる。その実現のためには、もうひとつ重要なことがあります。それが、そのパーパスが事業の目的とシームレスにシンクロしていることです。

パーパスを単なる社会貢献の一環として設定したり、なんとなく社内をまとめるために心地よい言葉を定義したりするためだけに活用するのではもったいない。事業とシンクロさせることで競合にないユニークな体験を創出することができるのです。ですから、パーパス設計には、誰を喜ばせるのか、誰が発信しているのかという点がとても重要なのです。

企業のブランディングのポイント

ここまで、パーパス・ブランディングについて話をしてきました。具体的にパーパス自体をどう設定すべきですか？　という部分については、本書の趣旨とは少しずれますので、そこは読者の皆さまからのご要望があれば次の機会にお話ししたいと思います。

ここで強調しておきたいのは、パーパス・ブランディングは単に企業の存在意義を発信して知ってもらうコミュニケーション施策にとどまっていてはもったいないということです。もっと戦略的にブランディングに活用する、つまりはつくり手のストーリーを付加していくことで事業に直接影響を与えることができるという意味です。

そのためには、パーパスを設定する際に、誰を喜ばせるために行うのか、我々は何者でどんな想いを持っているのかを明確にし、それをパーパスを作成するときの言葉の選択に反映させる必要があります。そうすることで、設定したパーパスはシームレスに事業や商品とつながり、共感したり、信頼してくれた消費者が事業を一緒に盛り上げてくれるようになるでしょう。

ちなみに、ここで定義する「我々は何者でどんな想いを持っているのか」ですが、実はこれをビジョンとして設定できるとパーパスとビジョンが一体化していきます。

ビジョンというと単に売上規模だったり、トップシェアを勝ち取ることだったりすることもありますが、市場の中でNo.1の何者になるのか、を考えてみるのです。例えば先ほどの製薬会社の例ですと「5年以内に製薬業界でNo.1の技術開発者集団になる」ことを掲げたら、パーパスはよりパワフルに浸透していくことになるでしょう。

パーパスはブランドストーリーと一緒に語るべし

パーパスの中で「誰を喜ばせたいのか」と「誰が発信しているのか」が明確にできると、ブランドストーリーにして発信していくことが可能になります。

従来のブランディング手法でもよく使われるブランドストーリーですが、パーパス・ブランディングにおいては、ブルーボトルコーヒーのケースで見た通り、特に有効です。

誰が、いつ、なぜ、どんな想いでこの事業をつくろうと思ったのか？ その過程でどんな困難があったのか？ なぜ、それを乗り越えることができたのか？ 乗り越えた結果、何が生まれたのか？ それは我々消費者に何をもたらしてくれるのか？

このような内容で構成されることが多いのですが、普段見る広告からでは伝わらないブランドや企業の奥行きが見えてくるので親近感や共感を生みやすくなります。

最近では、多くの企業やブランドが自社の想いをストーリーの形にしてホームページなどのオウンドメディアで語っているのでぜひ参考に見てみてください。アパレル、ビューティケア、お酒などの飲料・食品では比較的多くの事例を見ることができると思います。

私の記憶の範囲内だけでも、サントリーの山崎というジャパニーズウィスキーのブランドのストーリーは非常に記憶に残っています。ご興味がある方はぜひ一度サイトを覗いてみてください。ウィスキーが飲みたくなるかもしれませんよ。

第　5　章

「三位一体ブランディング」

STEP 2

「従業員」のブランディング

変革期企業のパーパスはなぜ浸透しないのか？

第4章では、パーパスを活用したブランディングについて、真の意味で顧客に選ばれる理由をつくり、事業に貢献するコミュニケーション施策とするための方法論を見てきました。マーケティングの手法を用いて、メッセージの対象者を明確にすること。またメッセージの発信者を明確にしてパーパスの背景となるストーリーを構築すること。さらにブルーボトルコーヒーの例で示したように、そのパーパスは顧客と従業員との接触機会で生まれる体験からも体感されていくことや経営者が価値観に則った振る舞いを常にしていることの影響の大きさについて言及しました。

こう見ていくと、パーパスを顧客体験ひいては業績につなげていくためには、多くのケースで「人」が介在していることがわかると思います。パーパスの本質的な伝承者は広告などで発せられる表面上のメッセージではなく、実は人なのです。よって、最終的にパーパスが浸透する、もしくは顧客に伝わって共感されるためには、人がパーパスを理解し、体現できる存在にならないといけません。

ここに、パーパス・ブランディング、さらにはパーパス経営の大きな挑戦があります。すなわち、パーパスを体現できる人材をいかにしてつくっていくのかという課題です。パーパスを体現できる人材がいないと、実はパーパスは浸透もしませんし、その本来の効果も発揮することができません。パーパスの社内への浸透は組織や経営だけでなく、パーパス・ブランディングにとっても実は大きな問題なのです。

最近、パーパスを設定したものの、なかなか社内に浸透しないと悩んでいる経営者の方と話す機会がありました。「パーパス経営」という言葉の流布と合わせて自社でも実践を試みたものの、どうも肌感覚では実践前とそんなに変わっていない。そんなお話でした。

パーパスの浸透が大切であり、一方で経営上も大きな挑戦であることはすでに述べた通りですが、パーパスが浸透しない、あるいはパーパス経営を実践しているのに効果が見えない原因について、私は経験上、大きく2つの理由があると分析しています。

ひとつは設定されたパーパスが、従業員にとって自分事になっていない時、そして、もうひとつは企業事にもなっていないと従業員が感じている時です。第4章のブルーボトルコーヒーのケースでは、創業者の想いに賛同したバリスタやスタッフが集まって組織を構築していったので、この浸透という課題に直面することはありませんでした。
一方で、様々な価値観を持った人たちが共存する大手企業などで時々見られるように、従業員の価値観やそもそも企業が向いている戦略の方向性とパーパスがずれているときに、浸透しづらいという当たり前の話なのですが、なぜそんなことが起きるのかについては、企業のライフサイクルと照らし合わせて考えるとわかりやすいです。

一般的に企業の創業期もしくは成長期に設定されたパーパスは、浸透しやすい傾向にあります。逆に言えば、パーパスがうまく浸透しない、つまりは設定されたパーパスがずれていたという失敗に陥りやすいのは、成熟期以降の企業であるケースが多いと感じます。それはなぜでしょうか？

創業期は従業員である創業メンバーの想いがそのまま企業のパーパスになることが多く、企業の想いと従業員の想いが一致しているケースがほとんどです。先のブルーボトルコーヒーは、まさにこのケースに当てはまります。事業を進めていく中で、仮にうまくいかないことがあっても全員が同じ志を持って同じ目標に向かって進んでいくことができるのです。
しかし、成長期に入ると従業員規模も組織も大きくなり、いろいろな想いを持った人たちが組織に参加してきます。それでも、まだこのステージにあれば企業のパーパスを理解して事業を進めていく中で、しっかりとそれを肯定できる事業結果がついてくるケースが多いので、向かっている方向が正しいと多くの従業員が思うことができます。

よって、企業が掲げるパーパスやそれに基づいて行っている自分たちの行動に納得感がありパーパスが自分事となって浸透しやすいのです。

逆に、成熟期や衰退期においては、成長期で組織が大きく拡張し、商品構成も複雑になっているケースが多いでしょう。また、それぞれの事業がこれまで通りのパフォーマンスを発揮できなくなってきて、てこ入れをすればよいのか、統廃合を進めていくべきなのか、新規事業をさらに追加していくべきなのか、事業の方向性に悩み始める時期でもあるので、社内に様々な想いが生まれてきます。

そうした中で打ち出すパーパスは、複雑化したまま停滞した事業の向かうべき方向性を数多ある選択肢のなかから明確に選んで示し、かつ、それぞれが異なる価値観を持つ大勢の従業員にとっても自分事であると感じられる納得感をもたらすものでなければならないため、よりハードルが高くなります。

自分事になっていないパーパスのケースとしてよくあるのが自分の価値観と異なる方向性、もしくは自分の業績とリンクしない方向性を示されたときです。

例えば、事業の状況が芳しくなく、組織からは業績目標の達成に向けた多大なプレッシャーが与えられている状況下で、「世界のすべての人に豊かな生活を実現する」という類のパーパスが掲げられるケースです。

自分たちは組織（上長、経営陣ひいては株主）から多大なプレッシャーを受け、それが彼らの業績目標達成のためであると認識しているなかで「世界のすべての人に豊かな生活を！」と企業から言われても、「所詮、綺麗事だなぁ」という受け止め方になるのです。これは決してつくり話ではなく、実際に私も実体験として経験があります。

売上に意識をフォーカスするほど社内がバラバラになる

私がリーバイ・ストラウス ジャパン（以下、リーバイスと呼びます）という企業でマーケティングのトップをしていた時のことです。当時、リーバイスは全世界的に「We Clothes The World」というう同じパーパス（当時はパーパスという言葉がまだなくミッションという言い方をしていましたが、意味合い的にはパーパスでしたので以後もパーパスと表記します）を掲げていました。これは直訳すると

「我々は世界中の人々に服を着せる」ということなのですが、秘めた想いとしては、世界中の人々を服（ファッション）で素敵に（幸せに）する、というものでした。こういうパーパスを掲げている企業が社内でどのように製品開発を行い、どういう想いを持って各製品を世に出していっているのだろうと思いますよね。

本来であれば、ちょっと自分に自信がなくて、新しい一歩を踏み出すことに勇気を持てていない人がリーバイスの製品を着用することで一歩を踏み出すことができたり、より視線を広げれば、貧困などで、ファッションを楽しむような余裕のない人たちに服を楽しむ喜びを知ってもらうような社会貢献活動をしたり、いろいろな事業活動やコーポレート・コミュニケーション活動のアイデアが思いつくのではないでしょうか。

それでは当時のリーバイスで、そうした活動が行われていたかと言えば、そんなことはなく、残念ながら誰も社内の会議で、このパーパスについて話す人はいませんでした。

当時のリーバイスは「ユニクロ」ジーンズの台頭により、価格競争力を失いつつあり、売上は下降傾向が続いていました。すべての会議で話されていたのは、どうやったら人々が素敵になれるか、幸せになれるかではなく、どうやったら売上が上がるのかということ。

社長以下、現場がこういう価値観で動いていると、いくら素敵なパーパスを掲げたところで、それは単なる綺麗事で終わってしまい、誰もそれを気にすることはありません。

社内の関心事はどうしたら配荷量を増やすことができるのか、小売企業にいくらの販促金をつけたらMDを強化してくれるのかといった類の話に終始していきます。もっとひどい時には、「なぜ、もっと自分事として売上を上げようという気持ちにならないのか!」という檄が社長から飛んできたり、「なぜ、こんなによい製品をつくったのに営業は本気で売ってくれないんだ!」など社内で責任をなすりつけ合うシーンも度々見られました。不思議なことに、売上を上げることに意識をフォーカスすればするほどチームはバラバラになり、結果は散々なものになっていきました。


もちろん、従業員は企業のパーパスを認知していますので、自社のパーパスは何かと問われれば全員「We Clothes The World」と答えることができました。でも、それが製品開発やマーケティング・コミュニケーション、営業などにおいて意識されることはなかったのです。

通常は成熟期から衰退期のライフサイクルのステージにある企業では、価値観も戦略の視点も何も変えず、今までと同じやり方の延長線で売上にフォーカスしただけでは、鈍化している売上のトレンドを変えるには不十分。いや、もっと言うとむしろ負の方向に全力疾走しかねないという点では、害になることが多いのです。

リーバイスでは結果的に、どうなったかと言うと、社長が売上の停滞に我慢できずに、自らの人脈を使って新商品を開発し、MDを拡充して再起を図ろうとしましたが、デザイナーや商品開発部がまず反発し、またその商品自体がリーバイスというブランドの観点からも受け入れがたいコンセプトであったため、マーケティング部、営業部もデザイナーや商品開発部に追随する形になり、在庫の山を築いて終わるという悲惨な結果となりました。

こうして、自分事もしくは企業事にもなれなかったパーパスは綺麗なだけの掛け声で終わることが多く、特に成熟期や衰退期を乗り越える原動力になるには力不足です。

それでは、どうしたら成熟期や衰退期にある企業で自分事と感じられるようなパーパスを設定し、浸透させることができるのでしょうか？　もちろん、パーパス（企業の目的）を日々従業員個人の価値観とすり合わせていくという王道のやり方もありますが、ここでは逆の発想で、従業員自身をパーパスに合わせて変えていく手法をお話ししたいと思います。平たく言えば、パーパスを体現する遂行者として「従業員をどうブランディングするか」というお話です。

従業員ブランディングとは？

従業員をブランディングするとはどういうことでしょうか？　私がよく使う例をあげると、「銀行マン」「商社マン」や企業名を使って「電通マン」などと言われることがありますが、この「〇〇マン（現代では〇〇パーソンという言い方の方がふさわしいですね）」というものはまさに従業員をブランディングしている好例です。

人々は「銀行マン」と言われると、そこからどういう人なのか大体想像がつきます。地域の企業や人々を支えるアドバイザーというイメージを持つ方もいれば、1円単位の計算でも間違えることのない細かい人、安定している、もしくはお堅いイメージを持つ方もいるかもしれません。いずれにしても、「銀行マン」という言葉の裏に、しっかりと業界のイメージがシンクロして重なり、そこで働く人々のイメージづけをしています。

そして、これは対外的なイメージだけではなく、この対外的なイメージが銀行マン自身への自覚や意識にも大きく影響し、自分の行動や言動について自制したり、意識的にプライベートな自分と使い分けたりしています。

前章で述べたパーパスの遂行者として従業員をブランディングするというのは、企業のパーパスを遂行する者が持つべきイメージを「〇〇パーソン」という形でブランディングすることで、従業員に対外的対内的なコントロールが利くようになり、従業員を必然的にパーパス遂行へと向かわせるという意味です。

これは、パーパスを咀嚼して各従業員の価値観とすり合わせるやり方と比べると圧倒的にスピード感がありますので、特に一気に組織のマインドを変えていく時には有効です。では、具体的にどうやるのかを見てみましょう。

パーパスを実現する価値観(バリュー)を人格化する

パーパスの遂行者が持つべきイメージとは何から生まれるのか？　それは、パーパスを実現するために必要な価値観から生まれます。よって、従業員ブランディングは、パーパスを実現するために必要な価値観を因数分解し、それらを人格化することで実現します。

ここで、第4章で取り上げた製薬会社の例を再度、取り上げてみましょう。そのパーパスは、「わが社は優れた技術の力ですべての家庭の健康を守る」でした。このパーパスを実現するため

価値観の整理方法

	企業	従業員
マインドセット	・技術への信頼 ・技術力トップへのこだわり ・失敗よりも前進を評価する仕組み	・正しい技術の理解と倫理観 ・世界視点と視座への高い意識 ・新しいことへの挑戦を恐れない
行動	・技術開発への積極投資 ・No.1の開発設備品質 ・積極的な対外PR	・あくなき技術力への切磋琢磨
スキルや資格	・創業以来、無事故無違反 ・ISO認証取得	・全員博士号取得

に必要な価値観とは何でしょうか？　この価値観の洗い出しという部分は、センスにより分かれるところもありますが、今回はひとつの方向性の提示ということで話を進めてみたいと思います。

まず、なんと言ってもこの企業には優れた技術力が必要です。それでは、この力を組織として身につけるには企業として何が必要なのか、そして従業員には何が必要なのかを洗い出してみましょう。

価値観の洗い出し方としては、「マインドセット」「行動」「スキルや資格」の3つの視点で考えると整理しやすいと思います。

例えば、企業としては技術力に対する高い信頼、そしてその領域で常に第三者にトップランナーであると認められることに対する強い情熱と、技術が人々の生活を守るのであるという強い信念を持つことが大切だと思います。

もちろん、想いだけでなくファクトとして技術開発に対する積極的な投資も必要でしょう。業界トップクラスの設備や環境を用意する必要があります。また、業界への影響力を強化し続ける意味で、社内の研究者による学術論文の発表をはじめとする、対外的なＰＲも必要になると思います。

一方で従業員においては、技術に対する正しい価値形成と倫理観、技術を磨き続ける意思、国内だけでなく世界に目を向けた視点や視座、競合よりも常に先を行く、新しいことに挑戦し続けるマインドセットなどが必要となるでしょう。また、場合によってはバックグラウンドとして大学の専攻などの学歴や入社に至るまでの経歴、保有している資格などが重要になってくることも考えられます。

次に、「すべての家庭の健康」を守るという部分に影響する価値観を洗い出してみましょう。ここでも前段と同様に「マインドセット」、「行動」、「スキル・資格」の観点から洗い出します。

まず企業においては、健康に対する強い情熱やすべての人々を健康で幸せにしたいという想いから事業を発想する企業風土が必要でしょう。また、〝すべての家庭を〟と謳っているからには、あらゆる病気や薬に対する知見や薬の開発、そしてそれらをすべての人が手に取ることができる

価値観の整理方法

	企業	従業員
マインドセット	・技術への信頼 ・技術力トップへのこだわり ・失敗よりも前進を評価する仕組み ・健康への強い情熱 ・みんなの幸せを最優先に考える風土	・正しい技術の理解と倫理観 ・世界視点と視座への高い意識 ・新しいことへの挑戦を恐れない ・健康の進化に携わる誇り ・自分の家族を最優先に考える ・新しい事、難しい事への挑戦意欲 ・チームで達成する喜び
行動	・技術開発への積極投資 ・No.1の開発設備品質 ・積極的な対外PR ・健康に対する他社に負けない知見 ・病気、薬に対する他社に負けない知見 ・あらゆる家族形態についての知見 ・どこよりも効率的かつ経済的なSCM ・「単価当たり効果」を最大にする商品開発 ・市販が難しい薬のジェネリック化への挑戦	・あくなき技術力への切磋琢磨 ・あくなき健康知見への切磋琢磨 ・あくなきSCM効率化への切磋琢磨 ・全世界からの知見アップデート ・日本の家族に合わせたサービス開発
スキルや資格	・創業以来、無事故無違反 ・ISO認証取得 ・全世界〇カ国での実績	・全員博士号取得 ・グローバルチーム

価格帯で提供できるＳＣＭ（サプライチェーンマネジメント）の実現が必要です。

それでは、これらを実際に具現化する遂行者である従業員には何が求められるでしょうか。家族や健康に対する想いを共有する中で、プライベートにおいても家族を優先するライフスタイルを求めたり、掲げるパーパスが決して一人では成し遂げられないものであることから、チームワークを大切にする価値観も必要でしょう。

世界視点と視座に高い意識を置きながらも国内の家族のことを考えていくのであればグローバルに知見を求めながら国内向けにカスタマイズすることの大切さを意識づけさせることも重要になってきます（表中のグレーの文字部分）。

ここまでで企業と従業員それぞれの軸でパーパスを具体化する要素をマインドセット、行動、スキルや資格の3つの切り口から整理してきました。今回は提示したパーパスが正しいと仮定して、それらをどう因数分解したら価値を生むブランディングに活用できる要素を見極められるのかに主眼を置いて説明しましたが、もちろん、この前段作業として、そもそもパーパスそのものが正しいのか否かという判断プロセスは必要です。その考え方の一例は第4章でお話しした通りです。

さて、これらが一通り整理されると、いよいよコンセプト化の作業に入ります。コンセプトのつくり方そのものについては数多のマーケティング書籍の中で詳しい解説がありますので、ここでは割愛します。

先ほど、整理したものはいわゆる企業や従業員が持つ資産になりますので、あとはそれらのうち、①顧客の問題を解決するにはどれが最適か？（もしくは最適な組み合わせはどれか？）、②競合他社との比較において、どれが最も競争力が高いか？　を検討してコンセプトにする要素を絞り込んでいきます。

ここで顧客の問題を解決するという目的が入るので、まずはターゲットを明確にすることが大事なのですが、機能しないパーパスはこのターゲットが不明確になっているケースが多いというのは第4章で述べた通りです。

今回、この事例で前提として採用しているパーパスは前章で説明した通り、ターゲットが不明瞭なパターンでしたね。よって、まずはここではターゲットを「健康になりたいすべての家族」と広く定義して考えてみましょう。

そう考えると、彼らが持っているであろうインサイトは「あらゆる病気に対応できる薬が安く手に入ればいいのに」となるでしょう。1粒ですべての病気に対応できる薬が発明されたらそれは素晴らしいと思いますが、まず無理なので、ここではあらゆる病気に対応できるよう薬のラインナップが充実しているという意味で捉えます。

そうなると競合は、該当する薬のラインナップが充実していない企業か、充実していたとしても多くの人の手に届かないような高価格で販売している企業になります。

このターゲットが抱える問題を解決する上では、競合する企業を外から俯瞰した視点に立ってみると、また違うポイントが見えてきます。「なぜ、現状ではあらゆる病気に対応する薬のラインナップをリーズナブルな価格で提供する企業がないのか」、と逆の視点から考えてみるのです。

単純に「そこまで広範囲にわたる知識と技術力を持っていないから」かもしれませんし、「需要の少ない薬にまで対応するとコストが上がり利益が出ないから」かもしれません。もう少し深掘りしてみて、「なぜ広い知識・技術力がないのか」という問題を考えてみると、もしかしたら「専門の技術者が組織の中にいない、もしくは足りない」「日本国内の知見だけでは限界がある」などの発想に至っている人もいるでしょう。

そして、これらは世の中に現状、存在していないという意味では競合他社でも実現できていない（もしくは認知されていない）ということでもあるので、もし、自社が「あらゆる病気に対応する薬のラインナップをリーズナブルな価格で提供できる企業」になることができるのであれば強い競争力になります。

これらの考えは設定したパーパスのもとで前述の①②両方を満たしますので、このターゲットのニーズを満たすことができる企業のコンセプトとして前に洗い出した価値観から言葉を選択してまとめてみると次のようになると思います。

「全世界から優秀な技術者を招集して実現したジェネリック薬の革新的グローバルチーム」

いかがでしょうか？　ちょっと話が逸れますが、もしこの方向性で行くのであれば従業員のブランディングコンセプトを考えるときに、健康や薬の知識を持っているという意味で「健康オタク」や「薬マニア」という言葉が思い浮かんできたとしてもちょっと使いづらいですね。「全世界の優秀な技術者」が持つイメージとは少しかけ離れてしまいます。「全員がそれぞれの薬学領域でDr.称号を持った研究者」だとか「世界45カ国の薬のDr.が集まった専門家」などとした方がしっくりくると思います。

このように従業員のブランディングは所属する企業のブランディングの方向性に影響されますが、逆に従業員のブランディングが企業のブランディングに影響を与えることもあるので、どちらかを先にすべきという順番はありません。アイデアが強い方から着手していただいて結構です。

また、従業員のブランディングを考える際、ジェネリック化への情熱という意味では、そういう体験をした人、もしくはそういう体験を多く見た国から来ているなどのストーリーが追加されるとより本気度が伝わり、ターゲットに対する信頼も上がっていくでしょう。ここまでまとめて、例えばこの製薬会社の従業員をブランディングするとしたら次のようなコンセプトから発想してみるのもひとつの手だと思います。

「本気ですべての薬をジェネリック化することを目指して、発展途上国から先進国まで世界45カ国から集まってきたスーパーDr.の集団」

いかがですか？　皆さんはこのような従業員で運営されている製薬会社の製品を買いたいと思いましたか？

従業員は第一のインフルエンサーである

このように、従業員がパーパスに基づく価値観でブランディングされて、マインドセットや行動がきちんとパーパスに沿った形になってくると、新たな役割が生まれてきます。それが、企業の商品やサービスのインフルエンサーとしての役割です。

これは特段、新しい話ではありませんが、例えばアパレル業界のカリスマ店員の事例など、限られた分野にとどまっていたのが現状です。しかし、上手に活用すればもっと広範囲に活用することが可能なのです。

まずは、わかりやすい例として現状、活用されているところから見てみましょう。皆さんはカフェやレストラン、もしくはホテルや飛行機に乗った時など、何をもって「あー、行ってよかった！」と感じるでしょうか？

もちろん、商品やメニュー、サービスの良さなどに触れた時もそうだと思いますが、そこで対応してくれた人の体験がとてもよかったから満足度が上がったという経験をお持ちの方もいらっしゃるのではないでしょうか？　実際にバーやスナックの再来店理由の大きな割合を「人」が占めるそうです。これらサービス業と呼ばれる分野では従業員が商品やサービスのよさをさらに向上させる役割を担っていることが多いのです。

フレンドリーな姿勢で接客してくれるバリスタに説明してもらった後で飲むコーヒーの味は格別おいしく感じることがあるでしょう。ただでさえ高いサービス性を堅持している飛行機の中で自分向けに特別な対応をしてくれたフライトアテンダントがいたら、その旅はとても楽しいものになったりします。

このように、サービス業においては昔から従業員が顧客に対して強力なインフルエンサーになっていることは珍しくありません。さらに言うと、消費者はその体験だけでブランドのイメージをつくってしまっていることも多いのです。よって、これらサービス業ではきちんと研修とマニュアルを用意して、ブランドを毀損しない接客や行動言動を徹底しています。

また、最近では企業の広報の一環として従業員がＹｏｕＴｕｂｅなどで商品紹介などのプロモーションをすることも珍しくありません。なぜ、一般的に影響力があると思われている有料のインフルエンサーを使わずに自社従業員を活用するかと言えば、それは単なるコスト削減の理由だけではありません。そこには企業への信頼や尊敬にまで至る可能性があり、外部のインフルエンサーでは到達しえない領域があるのです。どういうことでしょうか？

一般的に企業色が強い人が出たときのデメリットはメッセージに商業色が出てしまい、メッセージそのものに対する信ぴょう性や信頼性が生み出しづらいことです。よって、外部のインフルエンサーのように、一見すると企業とは何の関係もない影響力のある方が宣伝すると第3者の強い意見として捉えられ、そのメッセージには強い力が生まれます。

しかし、このコミュニケーション手法では伝えることができない点がひとつあります。それは商品やサービスの裏にあるストーリーです。一般的なインフルエンサーは企業とは距離があることがメリットなので、逆に内部の情報は知りえない設定になります。

一方で、昨今のマーケティングにおいては、商品やサービスのよしあしが伝わるだけでなく、共感できるかどうか、という軸の重要性が叫ばれています。そして、その共感を生み出す源泉がブランド体験であり、それを生み出すブランドのストーリー(ナラティブという言い方をされる場合もあります)なのです。

こうしたブランド体験やブランドストーリーは一般的なインフルエンサーでは語ることができません。逆に、社内の人間にしか語ることができない、もっと言うと社内の人間にしか許されないのです。

こういった理由から社内の人間にインフルエンサーとして対外的に積極的に発信してもらおうという動きは昔からあり、社長のインタビューや開発者同士の対談など、いわゆる一般的な企業PRという手法においては活用されてきました。しかし、その多くが「発信」を目的にしたもので、ターゲットの知覚や行動を変容させる体験や共感を生むものという発想からではありませんでした。

ブランド体験や共感が声高に叫ばれている現代だからこそ、この手法を共感醸成のために活用すべきです。従業員をしっかりブランディングして、顧客の第一インフルエンサーとして機能するように戦略的に活用していく必要があるのです。

できるだけ「素」を見せる従業員のインフルエンサー活用

発信ではなく、共感を目的にするうえでは、従業員からのメッセージが商業的な発信にならないように気をつけなければなりません。一番気をつけなければならないのは、押し売りにならないことです。これは、従業員の対外的なPR・宣伝活動に際して「売上を上げる」という指標を持たせると、少なくとも発信するメッセージからは商業的なニオイがしてしまいます。人は売上を意識してしまうと、どうしてもそちらに意識を向けてしまうからです。経営者は自身の不安を抑えながら、別の評価指標を与える必要があります。

例えば、食品であれば食べた感想を伝えることだけに集中させたりすることが必要です。ここでもひとつ間違ってはいけないのは、食品のおいしさを伝えるという目的を与えてはいけないということです。これを与えると売上を意識するケースと同様の現象が起きます。要は「おいしい！」というコメントが嘘っぽくなってしまうのです。

そうではなくて、ここでは食べた感想を素直に伝えなさいと指示を出すべきです。その場合は、おいしいものは「おいしい！」と言うでしょうし、イマイチなものはイマイチな反応をします。それでは、プロモーションにならない危険性があるではないか！という声もあると思いますが、あくまでも発信者としての従業員には素直な発信にフォーカスさせ、まずは商業的なニオイをすべて消すべきです。その上でおいしいと伝わったら売れる！と経営陣が思うのであれば、その従業員が本当においしいと感じる食品を与えればよいだけなのです。

逆にイマイチな反応が出てしまった場合は、すぐに商品改良して再チャレンジさせたらよいだけなのですが、どうも企業というものは表ではおいしい食品を提供するという使命を声高に標榜しながらも実際に評価される段階になると不安になって裏で手を打ってしまい、嘘っぽい演出になってしまうのです。

従業員の素直な反応、「素」を見せることが消費者にとっては信頼できる情報になります。なぜなら、従業員というのはその属性からいろいろなイメージを自動的につくり出すことができ、例えば「自社商品をよく知る人」だったり、もっと踏み込むと「本来は自社商品を悪く言わない人」というイメージをつくることもできます。この時に、もしこの人が「イマイチだなぁ」という素の反応を示したら消費者はまずびっくりするでしょう。そして、なんでそんな反応をするのか考えますよね。そこで、その従業員のブランディングが効いてくるのです。

もし、その従業員が本当においしいものをつくることに徹底してこだわっているということが消費者に伝わっていたとしたら、その食品を食べたイマイチな反応はどう受け止められるでしょうか？　きっと、「あー、この程度では満足できない人なんだ。きっと、この人がおいしいっていうものは本当においしくできたものなんだろうな」と思ってくれると思います。

そして、数日後に、再度改良された商品を食べたときに、とてもおいしい表情を見せたとき、その裏にある開発者たちの努力が垣間見えることでしょう。これがブランドのストーリーとなって消費者に伝わったとき、従業員に対する信頼や尊敬が生まれ、商品に対する共感が生まれるのです。

価値観を体現した行動を従業員評価に組み込む

このように考えると、できるだけ多くの従業員がしっかりと企業の価値観を共有し、自らがブランディングの対象となりながら、対外的に積極的に顧客と触れ合っていけたらよいなと思いますよね。そして、それは前のケースで見た通り、もはやサービス業だけではなく、メーカーだろうが卸だろうがあらゆる業態の企業もその顧客との接点のつくり方を戦略的にデザインしていくことが可能です。

しかし、その実現にはもうひとつ壁があります。それは従業員の意思です。効果的だとわかっていても、現実的には自ら顧客と接点を持って企業や自分の想いを伝えたいと考える従業員はまだまだ多くありません。それでは、どうしたら従業員がそんなふうに積極的に顧客と接点を持つようになるでしょうか？

私の経験の中でお話しすると、評価制度に組み込むと有効でした。

通常、従業員の評価は業績評価で行われることが多いと思います。さらに、そこにいくつかの行動評価や、業績に表れない組織や業績への貢献度を付加して評価をしていくのが一般的です。しかし、大抵は業績に大きな比重を置いて評価されているのではないでしょうか。そこで私が実践したのは、行動ベースの評価指標を企業のパーパスに紐づいた価値観（バリュー）と連動させ、しかも評点加重を大きくすることでした。

この施策は効果が大きく出ました。もちろん、業績面で達成が難しくなった従業員がその分を取り返そうと一生懸命になったという側面もあったのですが、何が最もよかったかというと、従業員全員にバリューがしっかり自分事と浸透して日々の行動の中で考え、議論の中にも頻出するようになったことです。

導入に当たって、行動評価で大きく加点が見込めるので業績に対して意識を回さない従業員が出てくるリスクもありました。しかしこれは、杞憂に終わりました。なんだかんだ言いながら、わかりやすい業績指標は、ほぼすべての従業員に対して明確な指示となるため、少なくともそこを目指さない人はいませんでした。

さらに、バリューを設計する際には前述した通り、企業のターゲット（ＷＨＯ）と商品やサービス（ＷＨＡＴ）と連動した価値観として考えて設定するので、基本的にはバリューに沿った行動をとる従業員は成果が出やすく、また仮に成果が出ていなかったとしても、その企業にとって必要な人材であると思わせるに十分なパフォーマンスを発揮した人がほとんどでした。

そして、バリューをもとにした行動評価で高い評価を得た人は、自社のブランド、ひいては自分のブランドに誇りを持てるようになるため、企業に対するロイヤルティと従業員としての自覚が高まり、後進の育成面においてもポジティブな効果を生み出したのです。もちろん、業績の達成、未達はバリューの評価だけで決まるわけではありませんが、強い組織、文化、そして商品やサービスのよさを拡張させる社内インフルエンサーの育成には大きく貢献したのです。

あらゆるシーンで見られるブランディングされた人の強さ

人をブランディングすることの効果は、いろいろなシーンで見ることができます。例えば、読売ジャイアンツの「常に紳士たれ」はその後の野球人全体のブランドイメージに大きく影響を与えましたし、現代で言うとBTSという韓国のアーティストグループのファンである「ARMY」もまさにアーティストのファンとしては独特なイメージをつくり上げています。韓国のアーティストはファンに支えてもらっている意識が日本のアーティストよりも強く、BTSの様々な芸能活動にもARMYの意向が強く反映されているそうです。

私の経験でも、従業員をブランディングしてうまく取引先との関係を築いた事例があります。

モルソン・クアーズという企業の社長を務めていた時のことですが、この企業は先代の社長の時代から企業ひいては従業員をブランディングすることで効果的な商談ができるようになっていました。

ご存じの方も多いと思いますが、酒類業界の営業はお付き合いが重要で、取引先である飲食店から商品取り扱いの決定や店内販促の実施の約束と引き換えに販促金を求められることが多くありました。この慣習はメーカー側から仕掛けてでき上がったものなのか、飲食店側から求め始めたものなのかはわかりませんが、私が入社した時には業界では慣習として行われていました。

モルソン・クアーズは「ジーマ」という当時、それなりに売れていた主力商品があったので酒類輸入卸としてはそれなりの規模を持っていました。しかしビール大手4社やメジャーなシャンパン銘柄を扱うMHDのような企業の足元にも及ばない規模でしたので、販促金の競争になると勝負になりませんでした。

そこで、前社長が何を考えたかというと販促金の金額では勝てないので、販促のアイデアで勝とうとしたのです。その際の常套句が「うちは、おカネはないけど知恵は出す」でした。飲食店からすれば最終的には利益が上がればよいわけなので、面白い販促のアイデアで来店客数や店内消費量が増えるのは大歓迎となったのです。

そうなると、従業員、特に営業にとってまずうれしいことが起きました。商談の席で販促金のプレッシャーを受けることが少なくなってきたのです。これはファイナンス的に見ても利益確保がしやすくなり、何よりも顧客とファイナンスの間に挟まれてなんとか顧客の要望通りの予算を勝ち取ろうとする社内政治が不要になったのです。さらに効果があったのは商談の時間が増えたことです。お金の話に終始すると、ともすれば最初の5分で「結局うちにいくら出してくれるの？」という話で終わってしまうところ、考えてきた販促アイデアをしっかり話す時間をいただくことが多くなりました。

その分、今度はアイデアで評価されるわけですから、そのアイデアの質に対するプレッシャーはありましたし、不評だった場合は厳しい意見を言われることもありましたが、社内での調整に気を使う必要がない分、営業担当者にとってはやりがいのある仕事になりました。それはそうですよね。お金を持っていないモルソン・クアーズの営業担当者が大手ビール会社の担当と同じだけの商談の時間がもらえるわけですから、彼らが感じたプライドは大きなものだったと思います。

そんななかで、取引先も喜ぶような新しい販促のアイデアが生まれたり、それが成功事例となって新規顧客を獲得できたりしましたが、私が最も印象に残っている事例は「普通に売ったら売れない『ジーマ』だからこそ、営業のトレーニングに最適だ」という提案でした。

これは、酒類卸向けの提案だったのですが、当時の卸の営業も飲食店からの販促金のプレッシャーに対応することでどんどん利幅を削られ、難しい利益管理を強いられていました。なんとか打開したいと思い、通常は売れている商品をいかに多く採用していただくかにフォーカスしていくのですが、モルソン・クアーズの営業担当者が提案したのは、「販促金に頼らずに商談ができる商品はジーマだけ」というものでした。

この提案が取引先の心に響き、販促金に頼らない高付加価値の提案方法を学ぶという体で「ジーマ」を使った営業担当者育成プログラムを立ち上げたのです。この試みは大成功し、取引先においても営業利益が大きく改善。営業担当者も販促金の商談に頼らない強い高付加価値の提案ができる営業担当に育ったと大変感謝されました。

このように、自分がどのような人格だとブランディングされることで、その人の考え方や行動が変わり、出てくるアウトプットも変化していきます。ぜひ、従業員をしっかりブランディングしてあげて、彼らに強い鎧を着させてあげてください。

第 6 章

「三位一体ブランディング」

STEP 3

商品ブランディングと一体化させる

People First Branding

商品に差別化は必要ない!?

ここまでの章で企業のブランディング、そして従業員のブランディングの効果や、その実践方法について解説してきました。これらは、もちろんそれだけでも組織の方向性を社内に浸透させたり、従業員の自覚を促したり、組織が自走していくための土台をつくったり…など、組織育成上の効果はあるでしょう。

しかし、私はこれらの活動を商品・サービスのブランディングと組み合わせていくと、事業業績に直結させることができると考えています。ここまでも、何度か企業や従業員のブランディングから生まれるイメージを、商品・サービスのブランディングに活かす話には触れてきましたが、本章ではいよいよ本格的にその効果とやり方について説明したいと思います。

これが理解いただけると、私が「マーケティング戦略立案に際し、商品の差別化を考えるな」と言っている理由もおわかりいただけると思います。差別化は頭を使って生み出すものではなくて、自分自身を研ぎ澄ませることで自然と生まれてくる産物なのです。

通常の商品開発のプロセス

- 消費者ニーズの分析
- ▶ 競合商品の強みの分析
- ▶ 自社商品・サービスのポジショニング確認
- ▶ 自社商品・サービスの便益決定（コンセプト化）
- ▶ リソース／ケイパビリティの開発・拡充
- ▶ 商品・サービス開発開始

顧客起点の差別化探しの限界

そもそも、商品・サービスの差別化要素とはどのように生み出されているのでしょうか。一般的なマーケターが踏襲している商品開発のプロセスを示しますので一緒に見ていきましょう。

多くの場合は、消費者もしくは市場ニーズの分析から始めます。カスタマーファーストであるとか、有名なところでいくとP&Gが掲げる「Consumer is Boss」という考えにもある通り、消費者理解から出発して、そこに戦略を合わせていく方法が主流です。

まず消費者のニーズを分析して、充足されているニーズ（Met Needs）とまだ充足されていないニーズ（Unmet Needs）、そして、潜在的にまだ眠っているニーズ（インサイト）などがあるかを調べていきます。

それらをテーブルの上に並べた後、今度はそこに、消費者が考える競合商品の便益をマッピングしていきます。そうすることで、競合の商品は何が強みで消費者から選ばれているのかがわかります（ポジショニングマップ）。

そのポジショニングマップ上のどこにビジネス機会がありそうか。どの商品・サービス便益軸は競合他社が強すぎて諦めるべきか。どの軸なら他社のポジションを切り崩せそうかなど検討しながら、自社が入るべきカテゴリー市場を見極め、商品やサービスの便益を確定させていきます。

その後、その商品・サービスを開発していくのに必要なリソースや能力（ケイパビリティ）が自社内に存在しているかを検証して、不足があるようであればリクルーティングや設備投資をするなど補充計画を明確にして準備を整え、開発投資へのGOサインが出ていきます。


このように見ていくと、差別化とは、消費者や競合商品から学んだことをもとに、マーケターの頭の中で発想して生まれ、それらを商品・サービスへ実装する計画が立てられ、その差別化を実装するために必要な追加のリソースやケイパビリティが準備されて初めて世の中で具現化されていくことがわかります。

一見すると、この流れは正しいプロセスのように見えます。しかしモノが溢れ、コトが重視される現代においてはいくつかの問題点が出てきます。

ひとつ目は、これまでにも何度か触れていることですが、消費者や競合を分析してもすぐに有効な差別化要素につながる、強いアイデアは出てきづらい点です。こうなると一生懸命、競合との製品上の差を探すことに没頭して、ようやく見つけた小さな違いを無理やり消費者の便益かのように考えてしまう罠に陥っていくことはすでに述べた通りです。

2つ目はスピードの問題です。このやり方だと、商品・サービスの方向性を決めた後に、必要なリクルーティングや設備投資、場合によっては営業の商談の仕方も変わり、新しいやり方の啓発が必要になってくることも多く、効果が出るまでに時間がかかることがあります。

3つ目は、せっかく見つけた差別化された優位な便益が競合にコピーされてコモディティ化しやすい点です。本来は一度、自社商品やサービスの強みをつくった後、それを維持もしくは進化させていく方向に商品開発部は頭を使っていくべきですが、実際にはむしろ逆行して、優位な市場でのポジションに胡坐をかいて進化が止まってしまうことが多いからです。

こういった組織は、自社の便益を模倣した競合が脅威となるまで、そのぬるま湯から抜け出すことができません。そして、一度脅威だとわかったら堰を切ったように従業員が文句や不満を言い始めるのです。

それでは、差別化を創出する際、どのようなプロセスをとるべきなのでしょうか？　それこそが「ピープル・ファースト」のアプローチで、今の時代にふさわしいと思っています。具体的には次の通りです。

「ピープル・ファースト」の商品開発までのプロセス

- 商品・サービス開発開始 ▶
- 自社商品・サービスの便益決定（コンセプト化） ▶
- 自社商品・サービスのポジショニング確認 ▶
- 消費者ニーズの確認 ▶
- 自社／リソースの強みの分析 ▶
- パーパス／バリューの決定

ブランド化された企業や従業員が自社商品・サービスのイメージに大きく影響を与える効果があることは既述の通りです。そこで、その点をまずはしっかり分析します。自分たちは何をするために市場に存在しているのか、市場の中で自社の強みは何なのか、自分たちは何者なのか。

これらを明確にしていくと、実は自ずと自社商品やサービスの取るべき便益の方向性が見えてきます。例えば、先の製薬会社の例にあったように、研究開発者の質が強みなのであれば、商品の信頼性や先進性で優位に戦うことができます。

他社よりも強いSCM基盤を持っている組織なのであれば、思い切って経済性（最終的には価格競争）で戦ってもよいでしょう。競合他社がそこまで投資して追いつくのに時間がかかるでしょうから、その間にしっかりとマーケットの中でポジションを築いてしまえばよいのです。

このように組織（企業や従業員）の強みを見つけることができたら、あとはそれが消費者（市場）のニーズに合っているかという確認さえすればOKです。当該ニーズを解決する市場ポジショニングにすでに競合が複数存在していたとしても、企業や従業員のブランド力を用いて差別化された提案の準備ができているので、そのままコンセプトとして仕上げて商品開発に進むことができます。

ひとつ申し上げておくと、このプロセスの中には、競合分析というステップが明記されていませんが、実はこの場合であっても競合分析をしていないわけではありません。

通常のプロセスでは、それが商品・サービス単位で行われるのに対して、このプロセスでは組織単位で行います。組織単位で強みであると見出された市場の中での競争優位性は、競合他社はその時点では社内に当該リソースやケイパビリティを持っていないはずなので、なかなか商品単位でも追いかけてくることは難しいのです。

こうすることで、先に述べた通常のプロセスが抱える3つの問題点も解決できることがおわかりいただけたと思います。組織の優位性も含めて市場でのポジショニングを検討していくので、より広い範囲での柔軟な差別化の検討が可能になります。

スピードについても、まずは自社内の強みから発想をしていくので、リクルーティングなどの追加プロセスを前提にした戦略になりづらく、早く動くことができます。そして、何よりも大事なのは、商品・サービスの強みと自社もしくは従業員の強みがシンクロするので、絶えず組織の進化が商品やサービスの進化へと直結していきます。優秀な研究員がさらにノーベル賞などを受賞してケイパビリティへの印象がアップしたら企業の商品全体へのイメージもさらによくなり、売上も向上していくことでしょう。

よって、組織のモチベーションとビジネス結果がリンクしやすいため、本当の意味で人を大切にする経営モデルでの成長が実現できるのです。

企業、従業員、商品・サービスがそれぞれお互いにどのような関係で支え合っているのか、そして顧客である消費者にどのような価値をもたらすのかを図で表してみました。

このモデルが構築できれば競合からすれば、なかなか脅威に映るのではないでしょうか。顧客

三位一体ブランディングの相関モデル

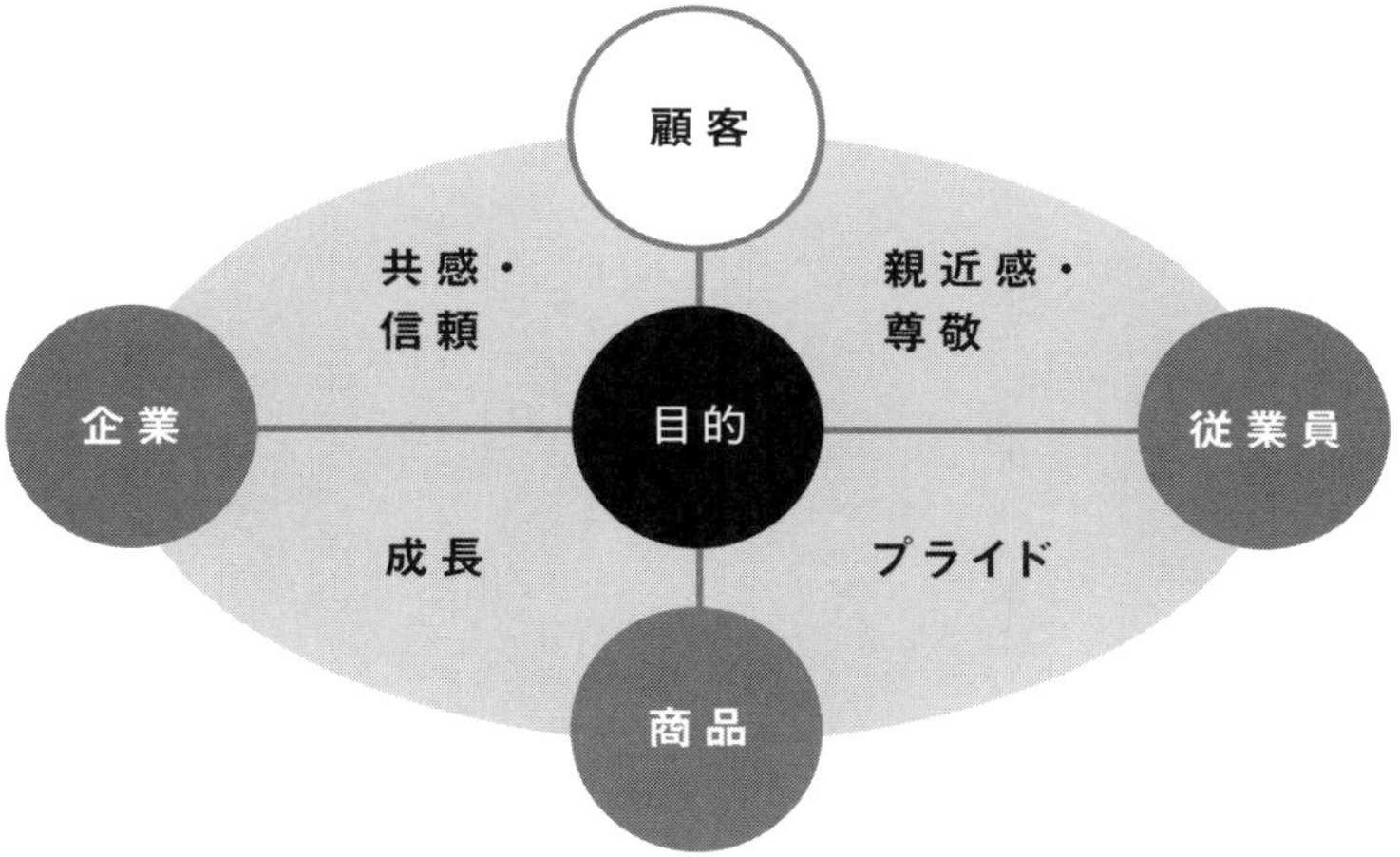

である消費者の目的（問題解決）に対して商品だけでなく、企業と従業員も一緒になって向かっていこうとするビジネスモデルでは、顧客は企業から信頼や安心を、従業員からは親近感や尊敬を感じることができるのです。

そして、その目的達成の中心選手となる商品は、企業に成長を与え、従業員にはプライドをもたらします。なので、この相関関係が構築されると組織の成長がそのまま商品訴求力の強化につながり、顧客満足を高めます。

その結果、組織の成長から生み出された顧客満足がしっかりと組織にフィードバックされてくるため、従業員のモチベーションが上がり、組織全体の成長意欲となっていきます。私はこれを「三位一体ブランディング」と呼び、特にピープル・ファーストの経営を目指している企業や差別化が難しくなってきた業界で戦う企業に向けてよく提案しています。

ここで話を進める前に一言、注釈を入れておきたいと思います。今回、提案する「三位一体ブランディング」はプロセス上、消費者からスタートせずに自社または従業員からスタートしています。この点に関して、誤解のないように念のため申し上げておきますと、私は昨今、重要だと叫ばれている顧客視点ということを否定しません。むしろ、三位一体ブランディングにおいても絶対的に必要だと思っています。様々なインサイトを顧客の視点や目線で見ることは成功には欠かせません。

なぜなら、最終的な意思決定者は常に消費者だからです。プロセスとしては企業や従業員からスタートしていますが、その存在意義を見出す際も、強みを認識する際も、消費者にとって何の価値を生み出すのかという顧客視点で行うことが大前提になります。

そのあたりを留意しながら、具体的な三位一体ブランディングの例を見ていきましょう。

「三位一体ブランディング」4つの型

三位一体ブランディングには、消費者の認知の流れと、購買決定への影響因子という2つの観

三位一体ブランディングの型

		認知の流れ	
		商品→企業・従業員	企業・従業員→商品
購買決定への影響因子	商品	増幅	リバース エンジニアリング
	企業・従業員	後光	人間関係

点の組み合わせから、4つの型が存在します。企業・従業員、商品・サービス（以降、商品と総称します）のそれぞれのブランディングの組み合わせによって、そのアプローチが異なってきます。

1.「増幅」の型

まずは、「増幅」の型から説明していきます。これは、消費者は商品をまず認知した上で、その背後にいる企業や従業員のことを知って、より商品が魅力的に感じ、購買を決定するケースを指します。次のようなケースがイメージがしやすいと思います。

▼盛田イズムの革新性が組織の末端まで浸透したソニーが開発したペット用ロボット『アイボ』

▼「ペッパーくんをつくった元ソフトバンク社の技術者がもっと感情的な関係性を持ったペット用ロボットを開発したいという想いでスピンアウトして開発した『ラボット』。

同じペットとなるようなロボットを開発した2社ですが、その背景にいる企業や人（従業員）を知ると、そこから見えることも少し変わってきますよね。実は世の中には、この型で紹介できるケースが最も多いと個人的には考えています。

2.「後光」の型

次に紹介するのは、「後光」の型です。これは、増幅の型と同様、消費者は商品をまず認知するのですが、その購買の意思決定においては商品ではなく、その背後にいる企業や従業員のブランド力によって決定するケースになります。

前章で紹介した「金はないけど知恵は出す」で商談を続けたモルソン・クアーズ社の商品、とりわけ「ジーマ」はまさにこのケースで業務用市場での地位を築いていった好例です。

競合品である「スミノフアイス」という商品が親会社であるキリンホールディングス社を背景に潤沢な資金源をもって商談を続ける中、「ジーマ」は奇抜な面白いプロモーションで人気を博していきました。

これが製品の力ではなくて企画する営業担当者の着想力だとわかった時に、新製品や販促金などがなくても、なんとなく今回もその営業の提案を聞いてみたいという雰囲気になっていきました。これが「ジーマ」が長らく新商品もない中で業務用市場での地位を落とさずに生き残れた秘訣になります。

このケースでは、他に次のような例も見ることができます。

▼いろいろと比較してもよくわからない保険商品について結局、大手企業が販売しているという安心感から加入を決定してしまうケース
▼どの家を買うべきか迷っている中で、結局は一番信頼できそうな営業担当者のいる不動産会社が取り扱う物件に決めてしまうケース
▼特にそこまで興味がなかったコンビニスイーツについて、TV番組で開発者たちの苦労や熱い想いに触れて、食べてみようと思ったケース

どれも詳細は説明不要ですよね。商品自体からは伝わりきらなかったよさが背後にいる人（企業や従業員）を知ることで興味が湧くケースは共感が叫ばれる現代では無視できないアプローチ

だと思います。

3.「リバースエンジニアリング」の型

3つ目は「リバースエンジニアリング」の型です。これは、消費者はまず従業員や企業と最初に接触するケースで、その過程で商品の魅力を知り、購入に至るという場合です。よって、ここでは特に人（企業や従業員）が商品をしっかりと体現していることが重要です。様々な業界でその例を見ることができますが、特にサービス業に多いケースです。具体的には以下のような場合です。

▼ホテル検索サイトでどこも満室でようやく予約できたホテル・旅館での期待値を上回るスタッフの素晴らしいホスピタリティとシェフのおいしいおススメ料理に遭遇したときの宿泊体験

▼以前に1回しか利用したことがないカフェやレストランに再び訪れた際にスタッフが自分の顔と名前を覚えてくれていたときの飲食体験

▼普段、利用している航空会社と別の航空会社を利用した際に、これまで経験したことがない温かい対応をしてもらったときの搭乗体験

もちろん、どれも商品（この場合お店や航空会社）の評判やイメージを知ってから利用するケースが多いと思いますが、不意に立ち寄った経験や、急用で意図せずに利用しなければならなくなったケースなどの状況で、期待値を超えるサービスや体験をすると「こんなによいお店があったのか！」などと、その後のリピートにつながっていきます。

この場合、消費者は、ほとんど予備知識なく利用するので、まさに従業員や企業が最初のコンタクトとなり、そこでの体験から商品へのイメージを膨らませて理解していきます。

そこでの従業員のやさしさや気遣いがサービス品質へと転化され、そこでの従業員の知識量が商品への安心感へと導かれ、そこでの従業員の情熱が商品への強い自信となっていくのです。

そのため、商品自体が人によって提供される形になるサービス業で最もフィット性が高い型になりますが、実はそれ以外の業態でも活用が可能です。わかりやすいところでいくと、次のようなものがあげられます。

▼自分が普段、愛用している有名なデザイナーが新しく立ち上げたブランド
▼カリスマ経営者と呼ばれる人が企画、運営している経営塾
▼シンプルでスタイリッシュ、かつ感覚的な操作だけで利用できるアップルが新たに開発し

た新感覚のタブレット端末

すでに企業や従業員側が強いブランドイメージを持っている商品においては、その商品・サービスの機能が吟味される前に、ほぼ何かしらのブランドに対するイメージが消費者の中にでき上がっています。

逆に言えば、そのイメージと逆行するような新商品を出してしまうと消費者の中で混乱が起きてしまうというデメリットもあるのですが、これらはまず人を知ってから商品を確認するプロセスを経て購買の意思決定がなされます。

この構図は先ほどのサービス業における、いわゆるマニュアル化でサービス品質をつくり上げるスタイルとは異なり、すぐに実用化していくのは難しいパターンです。まずは人のブランディングをしっかりしていかなければならないからです。ただし、そのブランディングが成功した場合はとても強いブランディングや販促のサポートとなるでしょう。

昔からよくある手法で企業の経営方針説明会を切り取った形でＴＶや新聞に露出するケースや新商品発表会などでのコーポレートＰＲにおける経営者の露出があります。これはかつてのアップル社のスティーブ・ジョブズ氏が自分自身の言葉でメディアに訴えている形とは異なり、日本ではどうしても企業のメッセージの伝搬者という範疇から出た露出をされている経営者が少なく、影響力があるように感じるケースはとても少ないと感じています。

一方でTVなどのメディアで露出されているジョブズ氏はどういう経営者なのかしっかりブランディングされて見ている人に伝わっており、そのイメージがしっかりアップル社、そしてアップル製品のブランディングに大きな影響を与えています。

日本でそういったブランディングができていた経営者はあまり知りません。そんな中で、「トヨタイムズ」に登場する豊田章男氏は個人の部分を存分に感じられる人間性溢れる露出となっていて、個人的にはとても可能性を感じるフォーマットだなと思っています。

また最近では、企業の従業員が自社の商品を自らYouTubeで紹介する動画をアップしたりして、ファンがつくほどの人気を持った方も出てきました。

企業に属する従業員一人ひとりが顧客に向き合う第一インフルエンサーであるという自覚と認識を持ったら、自社リソースのタレント品質が向上するのはもちろん、企画の方向性も変わってきて、もっとダイナミックで共感を呼ぶような人間味溢れるブランディングが出てくると感じています。

4.「人間関係」の型

最後は「人間関係」の型です。これは、まず消費者が従業員や企業と最初に接触し、共感します。その後、商品を知っていきますが、その商品の中身にかかわらずその人（企業や従業員）から買うことを価値とするケースです。「えっ、そんなこと実際にあるの？」という声が聞こえてきそうですが、実は世の中にはたくさんの事例があります。具体的なケースを見てみましょう。

▼馴染みのママが経営している街のスナック
▼多大な融資を受けているメインバンクからの強い要望に基づいた取引
▼ひと声かければ業界が動く影響力を持った人が持ちかける商談
▼影響力のあるインフルエンサー／セレブリティが宣伝する商品

こう考えていくと、本当にたくさんのケースがあります。裏づけとなるデータを持っているわけではありませんが、これまで事業を経験してきた中で思うことは、実は日本企業、特に中小企業においてはこのケースでの成功事例が最も多いのではないかと感じています。その証拠に、売上を伸ばすために何かあれば「とにかく名刺を配ってこい」「うちの名前を出せば言うことを聞くから、口をきいてあげようか？」などの声をよく聞きました。

私がマーケティング戦略を練って作戦を立てても、「そんな面倒くさいことはしなくてよいから、とにかくアタックリストをつくって当たってこい。動きが遅い！」と言われることも多々ありました。

これは過去に先輩方がこのやり方で成功してきたので、そういう状況になったらそういう行動をさせたがるのだと思います。その方法論のよしあしはともかく、現実としてこのような取引は多数存在し、ブランディングされた人（企業や従業員）が影響力を発揮するという意味では立派な戦略になります。

ただし、このケースは消費者不在で議論されることも多いため、活用には注意が必要です。またグローバル化が進み、多様性が重んじられるビジネスモデルへの変化に伴い、人の影響力だけで商売を動かせる範囲はだんだん狭くなってきているのも現実です。

人のブランディングと同時に、やはり消費者への価値を磨き続ける、そこを一緒に推進していく意味での人や組織のブランディングを心掛けていただきたいと思います。

People First Branding

第 7 章

実践！
「三位一体
ブランディング」の
設計手順

三位一体ブランディングのマーケティング・ミックス・モデル（MMM）

第6章では三位一体ブランディングの4つの型について説明してきました。それぞれを実際に市場で実行し、どうやって結果に結びつけるのか。それが分かれば明日からでも活用できます。

そこで本章では、この三位一体ブランディングの設計方法について少々お話ししたいと思います。なぜ、〝少々〟なのかと言えば、実際には皆さんの創造力によって無限の手法が考えられるからです。ですから、私からは皆さんの思考を少し刺激するための頭出しという位置づけでお話ししたいと思います。

三位一体ブランディングは、どのような手順で顧客体験を創造して業績に結びつけていけばよいのか。その設計方法についてお話しする前に、まずは三位一体ブランディングの概要を把握するためにビジネスモデルから説明していきましょう。補足ですが、三位一体ブランディングの設計においては、このビジネスモデルを理解して、顧客体験設計に落とし込み、そこで見出されたマーケティング施策についてマーケティング・ミックス・モデル（MMM）を使って投資とリターンを決定し、マーケティング計画を作成していくプロセスをとります。

マーケターの方には説明不要だと思いますが、ご存じでない方のために簡単に説明すると、

三位一体ブランディングのMMM基礎情報マップ

	三位一体ブランディングの型			
	増幅	後光	リバース エンジニアリング	人間関係
認知ルート	商品→企業・従業員		企業・従業員→商品	
プライマリー影響因子（内的要因）	商品>企業・従業員	企業・従業員>商品	商品>企業・従業員	企業・従業員>商品
商品便益のポジショニング	自社>競合	自社≧競合	自社>競合	自社≧競合
その他内的要因	ターゲットへのダイレクト接触への投資 ターゲットへの非ダイレクト接触への投資 *ビジネス業態によって投資比重を判断する			
外的要因	競合 社会興味・課題			

マーケティング・ミックス・モデル（ＭＭＭ）とは、業績を最大化するために、マーケティングの個々の活動に対する投資額とそこから得られるリターンを最適化するマーケティング施策の組み合わせを定義するツールです。

単にターゲット顧客への最適なリーチ（顧客との接触）を考えるメディア・ミックスを超えて、施策ベースでの費用対効果（ＲＯＩ）という業績指標で分析するのが特徴です。平たく言うと、業績目標を達成するために必要なマーケティング施策の組み合わせをＲＯＩの観点から決めていくツールだと思ってください。三位一体ブランディングではこのツールを使ってマーケティング計画を最終化していきます。それでは、ビジネスモデルの説明に戻りましょう。

三位一体ブランディングは、その4つの型によって認知形成の流れと意思決定に影響を与える因子の組み合わせがそれぞれ異なっていましたね。よって、型毎にターゲットへの実際のアプローチは異なってきます。そのアプローチを決める基礎となる情報を大まかにまとめたのが、左上の図になります。

これは、それぞれの型にとってビジネスの結果を左右する重要な要素は何かを示すマップです。見てわかる通り、横軸は三位一体ブランディングのそれぞれの型を示し、縦軸はビジネス結果を左右する重要な5つの要素を示しています。

ビジネス結果を左右する重要な5つの要素とは、認知ルート、ターゲットの意思決定に大きな影響を与えるプライマリー影響因子、競合と比較したときの商品便益のポジショニング、ターゲットへの接触方法、そして企画する側にいる人間でコントロールできない外的要因の5つがあります。

それぞれの型のビジネス結果を左右する重要な要素に注目して最適なブランディングアプローチを考え、最終的には投資の優先順位を考えていきます。

具体的には、最終的な商品認知を形成するために商品と企業・従業員、それぞれどちらのブランディング活動をどういう順序で行い、どれだけ投資するのか？　購買に影響を及ぼす影響因子にどれだけ投資するのか？　購入後の使用体験を左右する、競合と差別化するための商品開発にどれだけ投資するのか？　ターゲットへのアプローチをＤＭなどのダイレクト接触、ＰＲや広告などの非ダイレクト接触それぞれどういう比率で投資していくのか？

これらの投資から生まれるリターンと、外的な要因が影響して最終的な利益が決まってきますので、概念上ですが計算式で表すと以下のようになると思います。

利益＝（商品認知投資ＲＯＩ＋プライマリー影響因子投資ＲＯＩ＋使用体験投資ＲＯＩ）×（ダイレクト／非ダイレクト接触投資比率）＋外的要因（±）

施策に投じられる予算は限られていますから、商品認知形成への投資を重視するのか、影響因子への投資を重視するのか、使用体験への投資を重視するのかを三位一体ブランディングの型に応じて投資配分を決定し、マーケティング計画の最適化を図っていきます。

ここまで見てきた通り、三位一体ブランディングは、認知形成の流れとターゲットの意思決定に影響を与える因子の組み合わせによってアプローチする型が決まり、それぞれの型に最適な商品認知、影響因子、使用体験への投資配分を決定してリターンを最大化するというビジネスモデルで運用されます。

これで、三位一体ブランディングの概要が理解できましたので、いよいよ具体的な設計手順について説明していきましょう。

三位一体ブランディングの設計手順

三位一体ブランディングは、基本的に通常の商品ブランディングの手順に企業・従業員のブランディング要素を加えて、総合力でブランディングを実現する手法になります。よって、スタートは企業、従業員、商品それぞれ別々に価値やコンセプトを見出すところから始めます。

この価値を見出すプロセスは、商品については通常のマーケティング手法と同じで、市場分析やターゲット分析をもとに商品設計を行っていきます。企業についてはパーパス、従業員はバリューの設定からそれぞれの価値を定義していきます。

同時に、ターゲットの目的を理解して、その目的達成に対してどんな価値が提供できるのかを企業、従業員、商品の価値をいろいろと組み合わせながら検討します。

そこでいろいろな組み合わせの中から見出された共通の価値を「コモンバリュー」と呼び、そのコモンバリューを提供する主体として企業、従業員、商品のそれぞれのコンセプトを作成します。

それぞれの主体的なコンセプトができたら、コモンバリューを提供するために最適なコミュニ

三位一体ブランディングのブランド体験設計フロー

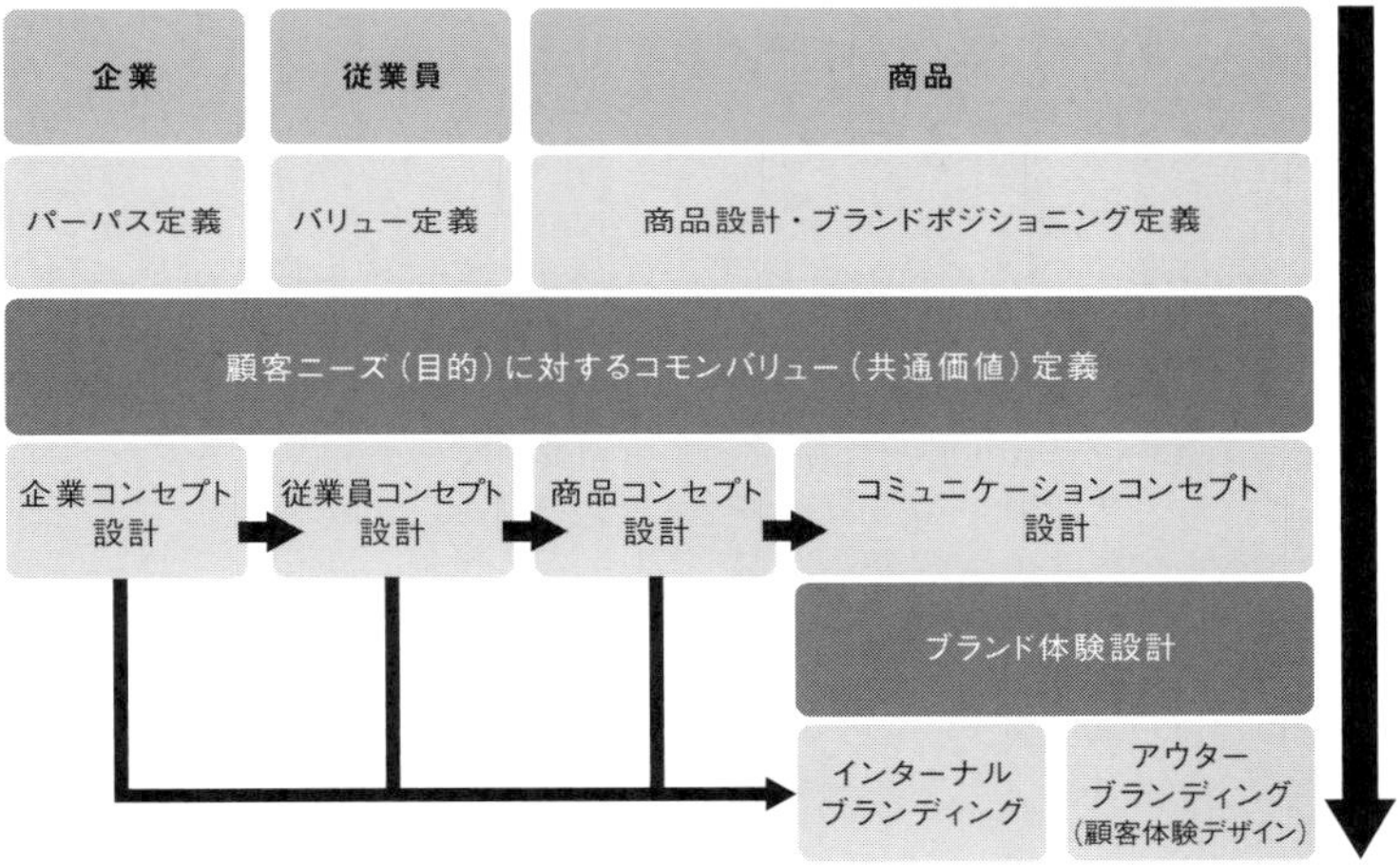

ケーションコンセプトを作成します。このコミュニケーションコンセプトは、主体的なコンセプトのうち、商品コンセプトを中心に考え、企業、従業員それぞれのコンセプトをどう反映したら最適にコモンバリューが伝わるのかを考えて設定していきます。

コミュニケーションコンセプトが設定できたら、あとはそれをもとに通常のマーケティング設計同様、ブランド体験の設計に入ります。その際、アウターブランディング（社外に向けたブランディング活動）だけでなくインターナルブランディング（社内に向けたブランディング活動）も組み合わせることで通常のマーケティングでは発揮できない組織の推進力を生み出すことが可能になります。

これらの設計がすべて終わったら、あとは計画・実行あるのみです。クリエイティブなどそれぞれの施策のつくり込み、実行、検証といったプロセスを実践していきます。

概念的な話が続きましたので、もう少しブランド体験設計フローのプロセス毎に具体的に見ていきましょう。各ステップの作業がイメージしやすいように架空のケースを用意しましたので、そのケースを一緒に追いながら手順を見ていきたいと思います。

架空のケースは、「スターバックス（スタバ）のバリスタアルバイト募集」です。皆さん、スターバックスは知っていますよね？　そこで働くバリスタ（店員）の学生アルバイトを募集して競合である他のカフェチェーンや飲食店よりも優秀な人を採用したいと考えたケースを想定してみます。通常、このような場合に用いるケースとしては、消費者向け商品について、ブランド体験設計をどのようにするかというマーケティング領域の事例の方が、なじみが強いと思います。しかし本書においては、マーケティング担当の方だけでなく、様々な部門の仕事に携わる方にも、この三位一体ブランディングを活用いただきたいという想いがありますので、あえて様々な部署の方でもイメージしやすい採用というシーンでの事例に挑戦してみたいと思います。

企業の価値の定義（パーパス）

まず、最初のステップは企業価値の定義です。企業の価値は主にパーパスから読み解くことができます。パーパスはその企業の存在意義（存在目的）を定義するものなので、世の中になぜその企業が必要なのかを明確にします。

パーパスの設定の仕方については本旨と異なってきますので、他の書籍に詳細を譲りたいと思いますが、このパーパスの設定の仕方はとても大切なものです。設定の仕方を間違えると単なる綺麗な掛け声で終わってしまうというお話は本書でも何度か触れてきました。

「世の中の誰に何をもたらすために存在するのか」。それが明確であれば企業の価値は自ずと見えてきます。そのパーパスを実現するために企業が保持している有形無形の「資産」すべてが企業の価値の対象になります。

今回のスタバのバリスタ採用のケースで言うと、企業のパーパスとしては例えば「すべての人がくつろげる家と職場をつなぐサードプレイスを提供する」であった場合、性別や人種や年齢などすべてを超えて人々がくつろげるようなホスピタリティであったり、まるで家のようにくつろげるのに仕事もできる店内環境だったり、すべての人の家と職場をつなぐ導線上に必ず店舗を見つけることができる立地だったり…、これらすべてが価値の候補になります。

今回のスタバのバリスタ採用のケースでは、「最高のホスピタリティを育む育成力と収益力」を価値と定義させてください。本来は、ターゲットである顧客（学生）の目的をどう捉えるかによって様々な価値の見方が考えられるのですが、ここではとりあえず「就職に強いバイトを探したい」というニーズに着目したという想定で設定してみました。

従業員の価値の定義（バリュー）

多くの企業の場合、その企業文化や価値観からバリューを設定し、同じ企業で仲間として働く際に必要なマインドセットや行動指針を決めていると思います。これらは企業独自に設定されているため、他社とは差別化された価値観になります。

ですから、このバリューそのものが従業員の価値であることは疑いようがありませんが、その価値観から派生して生まれる副産物的な個人の資産（能力やスキル、名声、成果）も含めて、すべて従業員の価値となりえます。従業員の価値を洗い出す際はこれらすべてを対象として検討してみてください。

今回のスタバのバリスタ採用のケースでは、先輩バリスタを対象に価値を洗い出して検討していきます。スタバの先輩バリスタには様々な価値があると思いますが、今回のターゲット（学生）の目的を「就職に強いバイトを探したい」という設定にしていますので、スタバのバリスタ卒業生の就職率に注目して価値を定義したいと思います。

スタバでアルバイトを経験した学生は質の高い接客と効率化されたオペレーション、そして後輩の育成経験を高い水準で経験しています。これらをしっかり学んだ学生を欲しがる大手企業がとても多く、スタバのアルバイト生は就職では引く手数多だという話を聞いたことがあります。今回はこれを活用し、従業員（先輩バリスタ）の価値を「高い就職率」と定義したいと思います。これは、スタバのバリュー定義の中には当然ない価値観だと思いますが、スタバのバリューを実践した結果から得られた成果としての副産物であるという考え方です。こういったものも従業員の価値として活用することが可能です。

商品設計・ブランドポジショニングの定義

商品価値の定義は通常のマーケティングで行う定義の仕方と同じです。市場を分析する中で、消費者のニーズを知り、そのニーズを現状満たしている（と思われている）製品（競合）の問題点を見つけ、それを解決できる便益を提供することで、消費者にとっての自社商品を「買う理由」と「選ばれる理由」をそれぞれ設計します。

スタバには皆さんご存じの通り、実にたくさんの「買う理由」と「選ばれる理由」がありますよね。職場の楽しさ、個人の成長、仲間、商品への誇り、オペレーションからの学びの多さなど、それらすべてが商品の価値の候補になります。それをターゲットの目的に合わせて最適なものを選んでいけばよいのです。

今回のスタバのバリスタ採用のケースでは、「社会人としても通用するホスピタリティを習得できる場所」という価値として定義してみましょう。

コモンバリューの設定

さて、企業、従業員、商品それぞれの価値が見出されたら、次に行うのはコモンバリューの設定です。

これまで見出されてきた企業、従業員、商品の価値はそれぞれ以下のように定義されています。

企業（パーパス）：「最高のホスピタリティを育む育成力と収益力」

従業員（バリュー）：「高い就職率」

スタバのバリスタ採用のケース

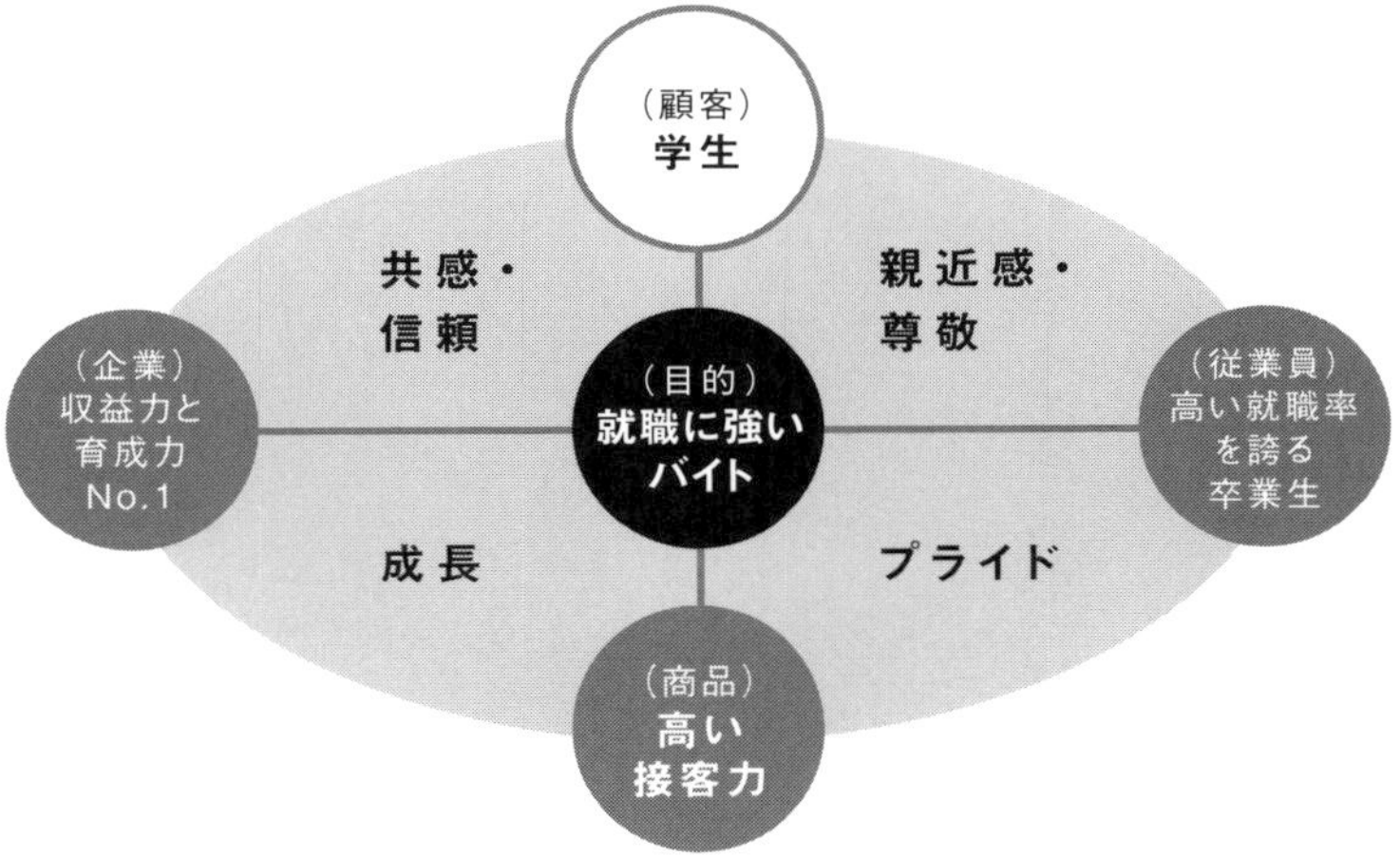

商品（商品設計・ブランドポジショニング）：「社会人としても通用するホスピタリティを習得できる場所」

これらをすべて机の上に並べた時に、それぞれをどう有機的に組み合わせたらターゲットである学生の目的を達成するのに最適な価値となるのかを考えてみましょう。

就職に強いアルバイトを探している学生にとって、何が最も興味を持たれる点なのか？それはきっと就職の実績でしょう。論より証拠ではないですが、実際に先輩バリスタの間で高い就職率の実績があることは、学生の頭の中で「自分の将来の就職率＝先輩の就職実績」という図式が成り立ちやすいと思います。

逆に、「自分の将来の就職率＝優れたホスピタリティ」とは学生の頭の中ではすぐには飲み込めないと思います。ただ、商品価値にある「社会人としても通用する」という言葉はホスピタリティという言葉を限りなく高い就職率へと近づけてくれていますし、企業の価値にある「育成力」という言葉は「スタバなら自分にもそのホスピタリティを身につけることができるのではないか＝自分も先輩の後を追うことができる」という発想を生み、これまた高い就職率へと近づけてくれています。

よってこれらを勘案すると、コモンバリューは「スタバは、（社会人としても通用する高いホスピタリティを身につけられる）就職に強いバイトです」と定義することができます。

この場合、前述した三位一体ブランディングの相関モデルは右の図のようになります。

もちろん、これはひとつの例にすぎません。考え方が100通りあれば100通りのコモンバリューの定義の仕方があると思ってください。

三位一体ブランディングの型はいつ決める？

ここで手順の説明は一旦お休みして、ひとつ大事なお話をしたいと思います。

三位一体マーケティングには4つの型があるとお話ししました。では、自社はこの4つの型のうちどれを採用すべきかについてはどう考えたらよいのでしょう？　そして、それはいつ決めればよいのでしょうか？

説明してきた通り、三位一体ブランディングでは、パーパスやバリューから企業や従業員のブランディングのもとになるコンセプトを発想します。パーパスとバリューを定義した後、それをもとに企業や従業員の強みとなる価値を整理します。

同時に、商品の便益やポジショニングを検討していくなかで、消費者ニーズとすり合わせ、商品の強みとなる価値を整理していきます。整理された企業、従業員、商品それぞれの価値の組合わせを考えながら、ターゲットである消費者の目的を達成する共通の価値（コモンバリュー）を見出す手順をこれまでお話ししてきました。

スタバのバリスタ採用の例では、バイト先を探すターゲットの目的を「就職に強いバイトを探す」と定義し、企業、従業員、商品が共通してターゲットに提供できる「就職に強いバイト」というコモンバリューを定義しました。

このコモンバリューである「就職に強い」という価値を見出す過程で、企業、従業員、商品のどの価値が最もターゲットの目的を達成するために威力を発揮するのかという思考と選考のプロセスを踏みます。そして、このコモンバリューを見極めるタイミングが三位一体のどの型を使うのかを決めるタイミングになります。

スタバのバリスタ採用の例ではコモンバリューを定義する際に、次のような検討の過程があります。「就職に強い」という価値は企業が持っている育成力をアピールすることで最もターゲットに伝わるのか。従業員が持っている高い就職率という実績をアピールすることが最も有効なのか。それともそれらを育む実際の職場環境や仲間など、商品の特徴をアピールすることが最も効果的なのか…。

今回は論理的に考えて結論を出していきましたが、これらの決め方はみんなで議論して決めてもよいと思いますし、もちろん、それぞれのコンセプトを作成して実際のターゲットである学生にインタビューしてもよいと思います。

いずれにしても、この何が最も強く影響するのかを見極める過程があるのですが、この時に商品の価値が最も影響力があると判断した場合は、「増幅」もしくは「リバースエンジニアリング」の型、そうでない場合は「後光」もしくは「人間関係」の型を選択することになります。

さらに、商品価値がターゲットにとって既知のものである場合には商品認知自体をしっかり前段で形成する努力をする必要がないので企業の投資は自ずと商品認知よりも影響因子の方に比重が置かれていきます。

三位一体ブランディングの型の決め方マトリックス

		コモンバリューへの影響度	
		商品価値メイン	企業・従業員価値メイン
商品価値の浸透度	未知	増幅	後光
	既知	リバースエンジニアリング	人間関係

よって、商品価値が既知か未知かを判断することで上の図のように4つの型から最終的に最適な型を選択することができます。

それでは、例のスタバのバリスタ採用のケースではどの型になるでしょうか？

ここでは、従業員のコンセプト（高い就職率の実績）が最もターゲットに響くだろうという仮説で進めてきました。

そのため、最もコモンバリューに影響を与えるのは従業員のコンセプトとなり、型としては「後光」もしくは「人間関係」の型ということになります。

一方で、商品価値はターゲットである学生にどの程度浸透しているでしょうか？　これについては正確な数字は私の手元にありませんが、学生はスタバは知っていてもバリスタという仕事の中身までは知らないケースが多いと考えてみましょう。

そう判断する場合には商品価値の浸透度は「未知」ということで、三位一体ブランディングの型は「後光」の型ということになります。私は浸透度としては未知なのではないかなと思っているので、私なら「後光」の型を選択しますが、万が一、すでに浸透しているので「既知」であると判断する場合は「人間関係」の型を選択することになります。

その場合はおそらく想像すると、学校の先輩などからすでにバイトの詳細を聞いているなどのケースが考えられるため、改めて予算を投資して商品認知を形成する必要はありません。先輩との人間関係の中でバイトの選択がほぼ確定されていくと思います。

コンセプトを作成する

それでは話を再び三位一体ブランディングの設計手順に戻しましょう。

コモンバリューの定義が終わったら、いよいよコンセプトの作成になります。三位一体ブランディングでは、企業、従業員、商品それぞれのコンセプトを作成していきます。

コンセプトの作成方法についても数多のマーケティング書籍で触れられていますので、ここでは割愛し、先述のスタバのバリスタ採用のケースを進めていきたいと思います。

スタバのバリスタ採用のケースでも、いろいろなコンセプトの切り口があると思いますが、ここでは一旦、次のようにしておきたいと思います。

▼企業（スターバックス）のコンセプト
「コーヒーの専門家だけでなく、多くの一流企業が欲しがる社会人の就職実績を持つ、収益力、育成力共にNo.1のサービス業」

▼従業員（先輩バリスタ）のコンセプト
「社会人としても通用するホスピタリティを身につけた大手企業への高い就職率を誇るアルバイト卒業生」

▼商品（スタバのバリスタという仕事）のコンセプト
「おいしいコーヒーと明るく気の利いた接客で常にお客さまを喜ばせるホスピタリティを学べる成長の場」


これで3つのコンセプトが完成しました。しかし、コンセプトが3つもあると実際のコミュニケーション戦略に落とした時に複雑で実行することができません。

実際のコミュニケーション戦略の作成（ブランド体験の設計）に向かっていくには、ここでこれらのコンセプトを突き合わせながら最適な形でコモンバリューを提供できるコミュニケーション用の総合コンセプトをつくる必要があります。

三位一体ブランディングのブランド体験

三位一体ブランディングの型が決まって、それぞれのコンセプトが作成されたら、いよいよブランド体験の設計に入ります。まずは、ブランド体験のもとになるコミュニケーションコンセプトを作成していきます。

この時、注意すべきなのは、どの型を採用したとしても、必ず商品コンセプトはコミュニケーションコンセプトに入れる、ということです。商品コンセプトに、いかに企業や従業員のコンセプトを融合させていくのかを考えます。

今回のスタバのケースでは、主に従業員のコンセプト要素を商品コンセプトに取り込んでいきます。そうなると、コンセプトは次のようになるでしょう。

「高い就職率を誇る、社会人としても通用するホスピタリティが学べる職場」

いかがでしょうか? ターゲットである学生の目的に直結した形で定義し、先輩の就職実績とそれを実現させた企業の育成力を合わせて見せていくことで、学生はよりスタバで働くことへの安心感と信頼感が増し、自分の目的を次々に達成していっている先輩への尊敬の念を抱きながら自分自身の未来に希望を持って応募してくることでしょう。この場合、彼らにとって時給はそれほど問題ではありませんので、時給の高さで勝負する必要はありません。

コンセプトができたら、あとは通常のブランディング設計と手順はほぼ同じです。ただ、通常の商品ブランディングと比較するとインターナルブランディングの効果の方が各段に高くなるという利点があります。

インターナルブランディングと比較して言われるのが対外的なアウターブランディングですが、それぞれ、社内向けにブランディングしていくことと、社外向けにブランディングしていくことを表します。

企業や従業員のコンセプトと融合された三位一体ブランディングにおいては、インターナルのブランディング施策を効果的に活用することで、商品を売るだけでなく、従業員のマインドセットを変えたり、自走する組織の仕組みを構築するなど、組織の育成にも大きな効果を発揮します。また、逆に売上を向上させることよりも、パーパスやバリューなどの組織文化を社内に浸透させていきたいと考えている場合は、商品ブランディングの役割を小さくして、企業、従業員のブランディングをメインに設計することも可能です。

さらに、これらを包括的なブランディングプランとしてまとめ、インターナルブランディング、アウターブランディングがそれぞれお互い共鳴し合うように設計できると効果としては最大になるでしょう。

このように、三位一体ブランディングはマーケティングのためだけのツールではありません。マーケティング発想から生まれたものではありますが、全社で使用が可能なツールになります。ぜひ、部署をまたいで使用していただきたいと思います。

ブランディングの型を体験にトランスフォームする

それでは、スタバのバリスタ採用のケースをもとに、ブランド体験を設計してみましょう。導き出したコミュニケーションコンセプトは、「高い就職率を誇る、社会人としても通用するホスピタリティが学べる職場」でしたね。

ここでも、いろいろな体験の設計が可能になりますので、イメージを湧かせるための一例と捉えていただければと思います。ブランド体験の設計には、現在でも様々なマーケティングツールが利用されています。古くはマーケティング4P（Product, Place, Price, Promotion）であったり、それらを顧客視点から表した4C（Customer Value, Convenience, Cost, Communication）、消費者の購買に至るまでの態度変容の流れを体系化したAIDMA（Attention, Interest, Desire, Memory, Action）など、あげたらキリがないほどです。

もちろん、どれを使うのが正解というものはありません。どれでも使いこなせれば十分成果が出るプランニングが可能です。

そういった意味では、ご自身のマーケティング手法に合ったものを採用していただいて構いませんが、私自身はカスタマージャーニーをよく使います。最終的に三位一体ブランディングのMMM（マーケティング・ミックス・モデル）であるパス設計とも相性がよいからです。

まずは、カスタマージャーニーマップについて簡単に説明しましょう。これは、消費者のファネル（意識の変化）をステージとして定義し、それぞれのステージから次のステージに消費者の意識を移行させるにはどんな施策が必要なのかを定義することで、ターゲットのブランド体験を視覚化したものです。

この場合のファネルの定義もいくつかのパターンがありますが、代表的なものは次のようになります。

認知↓興味・関心↓比較・検討↓購買↓使用体験↓リピート（ファン化）↓拡散・発信

顧客体験設計：カスタマージャーニーマップ

ターゲットユーザー：

ターゲット人口 数：

率：

		リーチ	**好意度**	**CVR 予備軍**	**購買**	**ドロップ後**	**ファン化**	**インフル エンサー**
	ファネル	**認知**	**興味**	**比較・検討**	**購入**	**使用体験**	**ファン化**	**拡散**
コンタクト	シーン							
	デバイス							
	チャネル							
現在の消費者知覚								
インサイト								
メッセージ								
変化した消費者知覚								
期待される行動変容								
事実・データ								

それぞれのステージにおいて、どのようにターゲットとコンタクトすべきか？（いつ、どこで、どんな媒体を通して）、それらコンタクトにおいてどんなメッセージを発信したらよいのか？その結果、ターゲットにはどんな行動を起こしてもらいたいのか？　これらを見える化することで、ターゲットに行動変容を促すマーケティング施策になっているかどうかを判断していきます。

例えば、認知のステージでは、

コンタクト：「昼休み、スマホに届く、スーパーのチラシ広告で」
メッセージ：「17時から半額」
期待する行動変容：「17時にスーパーに向かう」

と、いうことを定義します。

こういったことを各ステージで定義し、認知から興味へ、興味から比較・検討を経て購買へ、そして使用体験からファン化、そして第3者への拡散へとターゲットの意識を導いていくための設計ツールです。

ただし、通常のカスタマージャーニーと私がよく使うものは1点だけ異なります。それは、各ステージの中で消費者の知覚の変化を明確にすることです。これは、私がマーケティング施策の設計をする中で、ターゲットの知覚の変化が行動変容を促すのにとても重要な役割をしていると考えているからです。

カスタマージャーニーマップはターゲットの行動変容を設計していくものなので、私としてはそこに知覚の変化が一緒にないことが不自然に感じられるのです。よって以後、私が説明するカスタマージャーニーマップにはターゲットの知覚の変化が明記されたフォーマットを使用して説明します。

三位一体ブランディングにおけるカスタマージャーニーマップ

三位一体ブランディングにおいても、通常のカスタマージャーニー同様、まずはコンタクトを定義します。

(1) シーン（いつ、どこで）
(2) デバイス（なんの媒体の）
(3) チャネル（なんのコンテンツで）

例えば、夜寝る前に（シーン）、スマホで（デバイス）、SNSを見ながら（チャネル）といった形で、ターゲットである消費者とどのように接触するのかを定義します。

次がすでに説明した私独自の点です。ステージ毎にターゲット消費者の知覚の変化とそれに伴う行動変容を定義します。まずは、そのステージが始まる前の知覚を現在の知覚として定義します。そして、そのステージで発信したいメッセージを定義して、そのメッセージを受け取った後の消費者の知覚と行動を定義します。

それでは具体的に、先ほどのスタバのバリスタ採用のケースで確認してみましょう。まず、現在の知覚は「就職に強いアルバイトがしたいけど、どこがよいのだろう？」くらいの感じでしょうか。そこに対するメッセージとして、コミュニケーションコンセプトで定義した「高い就職率を誇る、社会人としても通用するホスピタリティが学べる職場」としてスタバを紹介してみましょう。

■ステージ1「認知」

シーンの説明で定義した通り、ターゲット消費者は、寝る前のスマホチェックタイムに参照していたSNSでメッセージを見るということにしましょう。ここで、「驚愕の就職率！　スタバのバリスタを企業が欲しがるわけ」のような投稿に触れることにします。そのとき、この消費者の知覚はどう変わるでしょうか？　おそらく、このスタバのバリスタに興味が湧くと思います。さしずめ、変化後の知覚はこのような感じでしょうか。

「スタバのバイト経験者ってそんなに就職率が高いんだ。興味ある！　今、募集しているのかな？」

こう思ってもらえたらメッセージとしては目的達成です。おそらくこの消費者はスタバのバリスタについて調べ始めるという行動を起こすと思います。これがカスタマージャーニーのステージ1「認知」の役割になります。

もしSNSだけでなく、もっと広い範囲でメッセージを発信したいと考えた場合は、コンタクトの部分を厚くしていきます。

通学時にスマホで見ているネットニュースに、バイト別就職ランキングというPRでの特集記事の露出を仕掛けてみたり、スタバの人材育成の裏側をストーリーとして紹介するTV番組を制作しても面白いと思います。もちろん、予算があれば、の話ですが。

そして、もうひとつ。可能であれば、この知覚の変化や行動変容が起こると実証する事実（データなど）がはっきりしていると、より自信を持ってこのメッセージの定義を設定することができます。

例えば、このケースで言うと、①○○％の人は夜寝る前に毎日欠かさずスマホをチェックすると答えている、だとか、②○○％の人がＳＮＳで興味のあることが投稿されていたらとりあえず信じると答えている、などのデータです。

これは事前に持っていればベストですが、カスタマージャーニー作成後に消費者調査などで、確認することもできます。予算は必要ですが、仮説のまま設計した計画を実行して失敗した時の損失と比較した時に大した額ではないと判断できる場合はできるだけ事実を確認することを推奨します。

このように、カスタマージャーニーのステージ毎にメッセージの目的を決めて、その狙い通りにターゲット消費者の知覚が変化し、行動変容が起こるのかを設計していきます。

■ステージ２「興味」

ここでは、もうすでにスタバのバリスタに興味を抱いて調べ始めています。このステージに来たときの消費者の知覚は次のような感じだと思います。

「スタバのバリスタ、興味あるけど、そもそも、今募集しているかな？」

もし、消費者がこう思っていたとしたら、どういう行動を起こすと思いますか？　アルバイト

スタバのアルバイト採用のカスタマージャーニーマップ

ターゲットユーザー：就職に強いバイトを探している学生

ファネル	認知	興味	比較・検討	購入	使用体験	ファン化	拡散
コンタクト シーン	寝る前	寝る前にSNSをチェックした後	スタバのWebサイトを見た後	採用面接	On-the-Job	休憩時間	就職活動時期
コンタクト デバイス	スマホ	スマホ	スマホ	スタバ店舗	スタバ店舗	スタバ店舗 スマホ	面接会場
コンタクト チャネル	SNS ネット ニュース	企業のWebサイト	Google 検索 求人サイト ブログ	先輩 アルバイト 面接官	OJT トレーニング マニュアル 指導要綱	イントラネット 店内掲示板 歓送迎会	企業との 面談 OB訪問
現在の知覚	就職にいいバイトがあったらいいのに	スタバのバリスタ、興味あるけど、そもそも、今募集しているかな？	スタバよりもいいバイトあるかな？	就職に強いスタバの人たちってどういう人たちなんだろう？	自分にうまく務まるだろうか？	仕事にも慣れてきたけど、このまま続けていいのかな？	スタバではそれなりに頼りにされているけど、就職は不安
インサイト	ネットの情報は信頼できる	企業の情報はまずWebサイトで調べる	ランキングや特集に選ばれているものは信じる	尊敬できる人と一緒にいたい	理解できるとやる気になる	身近に体感できると確信に変わる	実績がつくと自信を持って人に伝える
メッセージ	驚愕の就職率！スタバのバリスタを企業が欲しがるわけ	急募！圧倒的な就職率！社会人としても通用する高いホスピタリティが学べる職場で楽しい仲間とバイトしませんか？	〝就職に有利なアルバイト7選①スターバックス〟	気配りの利いた応対 プロの働きぶり	丁寧な先輩の指導 わかりやすいマニュアル 明確な役割	一緒に働いていた先輩が有名企業に就職内定！	就職活動で内定獲得！
変化した知覚	興味ある！今、募集しているのかな？	よかった。募集していた。間違いなく候補のひとつだ！	やっぱりスタバは就職に強そうだ	就職に強いというだけあってすごい人たちだ。しかもやさしそう。ここで働きたい！	自分にもできた。スタバのバリスタを続けていきたい	あの先輩がすごい企業に就職した。スタバなら自分にもできるかも。頑張ろう！	やっぱりスタバのバイトは就職に強い。後輩にも勧めよう
期待される行動	現在募集しているか調べる	他と比較する	スタバの店舗に行く	バイトを申し込む	バイトの継続	先輩のレベルを目指す	後輩にバイトを勧める

の募集をしているかどうかを知りたかったら、まずは企業のWebサイトを見てみようと思うかもしれません。

その場合は、コンタクトとしてはSNSで認知した後すぐにスマホでWebサイトを見に行く、ということになるでしょう。そうすると、①シーンは寝る前にSNSをチェックした後、②デバイスはスマホで、③チャネルは企業のWebサイトに遷移して情報を得ようとする、となります。

それでは、そこにどのようなメッセージを発していたら消費者を次のステージである「比較・検討」に向かわせることができるでしょうか？　それが、ここでのメッセージを考えるポイントになります。

「急募！　圧倒的な就職率！　社会人としても通用する高いホスピタリティが学べる職場で楽しい仲間とバイトしませんか？」

訪れたWebサイトでこういうメッセージに触れたらターゲットである学生はどう思うでしょうか？　まず、募集しているということでホッとするでしょう。高い就職率の背景や理由が垣間見えて、より信頼が高まるかもしれません。

もちろん、他のバイトとの比較・検討する中で他のWebサイトやキュレーションサイトなどにも訪れると思いますが、これを超える実績を持った職場が見当たらなかった場合は履歴書を送ることにためらいはないと思います。

各ステージの設計を図として載せておきましたので、残りのステージの説明は割愛しますが、このようにカスタマージャーニーマップを用いてターゲットの知覚と行動の変化及びそれを促す施策が見える化されれば、あとはそれを実際につくり込んで市場に投入して結果をモニターしていくだけです。

カスタマージャーニーのファネルは「型」によって異なる

三位一体ブランディングには4つの型がありますが、それは認知ルートが異なることがひとつの大きなポイントでしたね。

通常のカスタマージャーニーでは、必ず認知が最初に来るのですが、三位一体ブランディングにおいては、一部の型、「リバースエンジニアリング」と「人間関係」の型については企業や従業員を知ってから商品の価値を知る流れになりますので、ファネルの順序が異なります。ここに注意が必要です。

■「リバースエンジニアリング」「人間関係」の型のファネルステージの定義

接触→興味・関心→商品認知→比較・検討→購買→使用体験→ファン化（リピート）→拡散・

発信

このように、この2つの型においては、商品認知拡大の前に、プライマリー影響因子である企業や従業員と接触して興味や好感を持ち、商品について調べ始めるという流れになりますので、まず最初に大事になるのは企業もしくは従業員のブランディングになります。

ふらっと立ち寄った喫茶店のマスターがすごくよくて、その後通い続けるようなケースを目指す場合は、まずはそのマスターがその後の商品に対する印象に影響を及ぼしますので、とても重要です。

この点は通常、使用されているカスタマージャーニーと異なっています。これらの型については、後ほど紹介するMMMパス設計においても、このカスタマージャーニーと合わせて設計する必要があります。

三位一体ブランディングのMMMパス設計

カスタマージャーニーマップが完成したら、もうクリエイティブなどの制作物の作成に取り掛かってもらって構いません。一方で、予算や利益の計画をつくるのに、ビジネスモデルと連動したＭＭＭ（マーケティング・ミックス・モデル）を作成すると、適切な投資額や期待する効果が見える化され、成功確率の高いプランニングが可能になります。

ここでは三位一体ブランディングのＭＭＭとして活用用途が広い、パス設計をご紹介しましょう。

ＭＭＭは、ブランド体験設計時にカスタマージャーニーマップを作成していると簡単につくることができます。カスタマージャーニーマップのファネルステージと各ステージのコンタクトで定義した部分を抜き出してＭＭＭのフォーマットに当てはめるだけです。

それでは、認知ルートが商品↓企業・従業員となる「増幅」「後光」の型と、認知ルートが企業・従業員↓商品となる「リバースエンジニアリング」「人間関係」の型の2つのＭＭＭを見てみましょう。

「増幅」の型のＭＭＭパス設計

「増幅」の型は、商品を知ることからスタートして、その商品の背景にいる企業や従業員を知ることでさらに商品のよさを増幅していく型なので、最初の認知形成への投資は商品ブランディングへの投資になります。

増幅の型のMMMパス設計

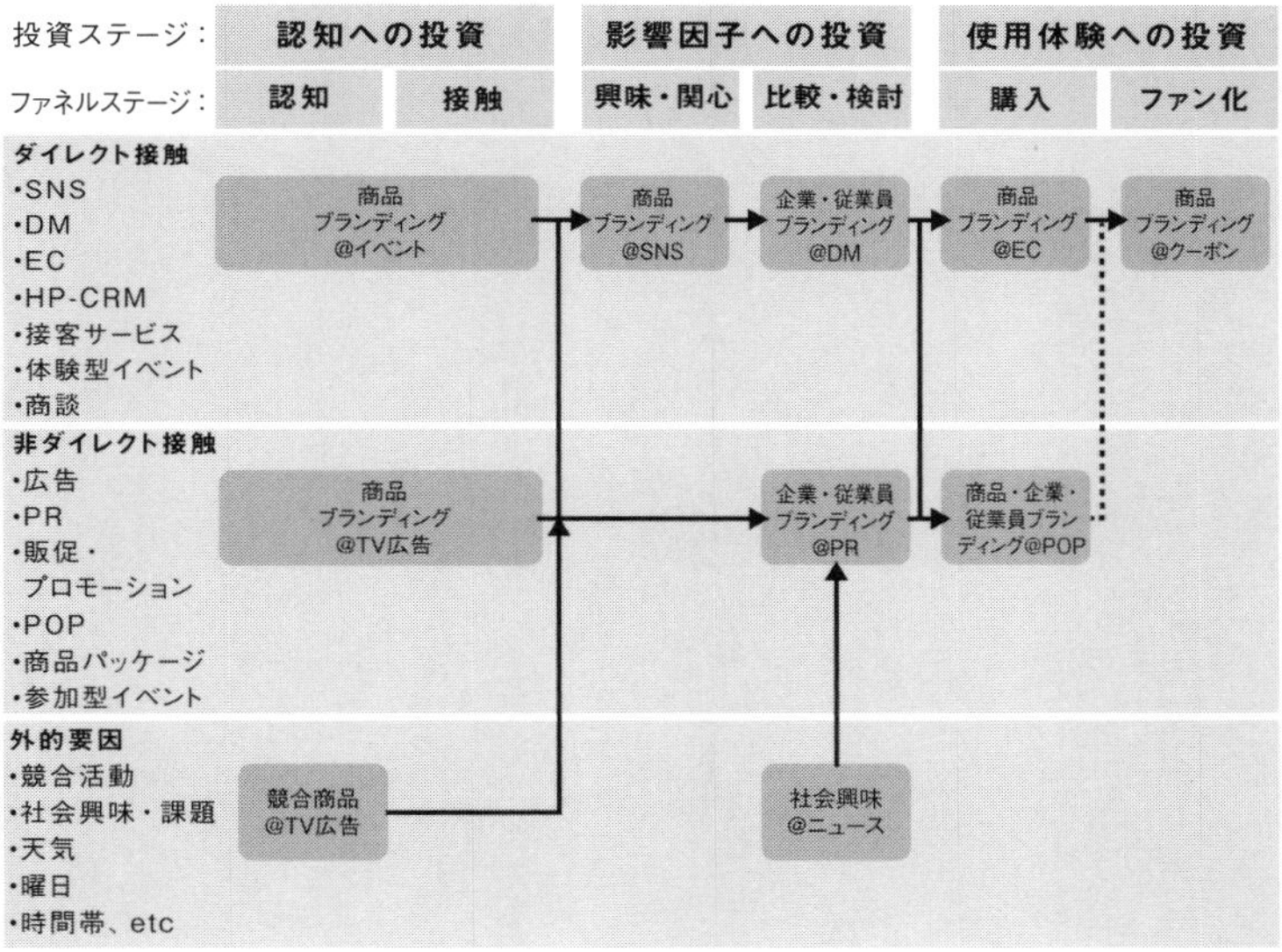

　その際、ターゲットとダイレクトに接触する施策を選択するのか、非ダイレクトに接触するのかは業態によって決まってくることが多いです。BtoBtoCの形態をとるメーカーであれば、なかなかターゲットそれぞれとダイレクトに向き合うことが難しいので非ダイレクト接触の割合が多くなると思いますが、カフェなどの店舗事業については店頭で直接ターゲットと接触する中でブランディングすることができるのでダイレクト接触の施策に大きな予算を割くケースもあると思います。

　また、それぞれの接触方法として広告にすべきか、PRにすべきか、販促やイベントという形で接触すべきかについては、通常のマーケティングと同じ考え方でいいと思います。最終的には投資に対するリターン（ＲＯＩ）が明確に答えを出してくれるので、高ＲＯＩの接触方法を選んでいくことになります。

その後、認知してくれたターゲットの人たちに、購買意向を高める影響因子をコミュニケーションしていきます。その際、増幅の型は商品便益が大きな意思決定要因になりますので、商品ブランディングに重きを置きながら、ＰＲなど第3者からの発信的な形で企業や従業員のブランディングコミュニケーションを購買意思決定する前の段階で触れることができるように設計すると効果的です。

商品便益が意思決定に最も影響を与えるということは、その後の使用体験でがっかりするとリピートしてはもらえないので、使用体験に対する投資もおろそかにしてはいけません。増幅の型では一般論としては、「使用体験への投資＞認知への投資＞影響因子への投資」の順で優先順位がつくことが多いです。

認知ルートが同じになる「後光」の型は、商品ブランディングのコミュニケーションから開始するのは同じですが、早ければ「接触」ステージから企業・従業員ブランディングのコミュニケーションを始めるケースも見受けられます。よくあるのが、商品の発表会などで開発者や社長が商品への想いを熱く語ったりするシーンだと思いますが、まさにこのケースに当たります。

また、使用体験への投資についても「増幅」の型と少し異なるケースが見受けられます。「後光」の型では影響因子である企業や従業員のブランディングが重視されるので、ＳＮＳやファンミーティングなどのコミュニティ形成を企業や従業員を巻き込んで行ったりするケースもあります。実際の商品の使用体験を超えて、コミュニティでの体験が継続使用への強い動機づけになっていくケースも多いのです。

よって、「後光」の型における投資順位は一般的に、「影響因子への投資＞認知への投資＞使用体験への投資」の順番になることが多いです。影響因子への投資を充実させてすべてのステージで影響力を確保しようとするからです。商品便益そのものだけではそこまで競合と差別化できていない場合にとても効果的な施策の打ち方になります。

「リバースエンジニアリング」の型のＭＭＭパス設計

一方で、企業や従業員を知ってから商品を知るパターンの「リバースエンジニアリング」や「人間関係」の型では、認知への投資ステージの前から企業や従業員のブランディングコミュニケーションが積極的に行われます。

リバースエンジニアリングの型のMMMパス設計

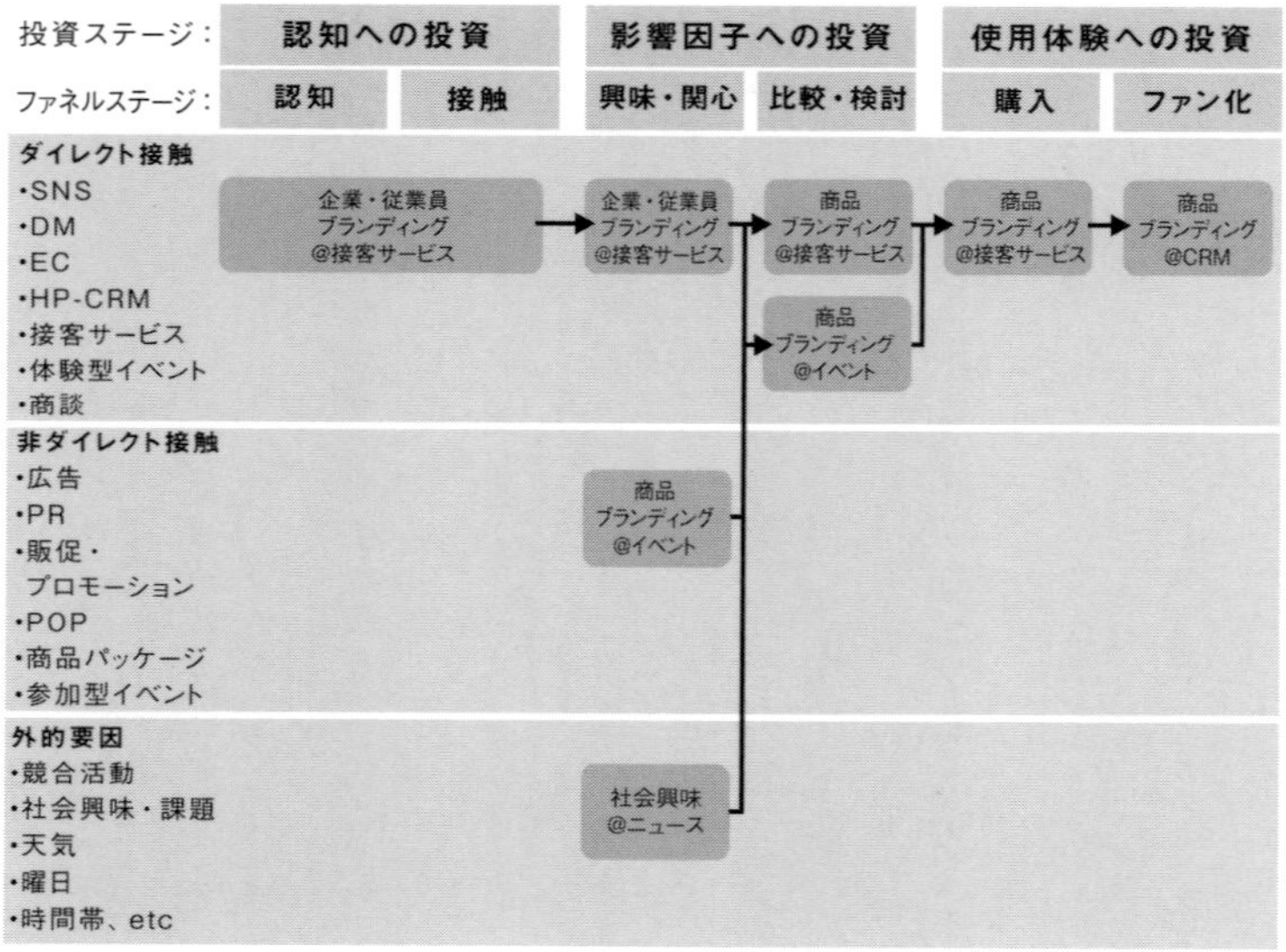

これはカフェなどのサービス業形態を想像するとわかりやすいと思います。私が在籍していたブルーボトルコーヒーも似たようなモデルで施策を設計していました。

ブルーボトルコーヒーが日本に進出してくる際には、そもそもどういったカフェチェーンなのかよく伝わっておらず、なんとなくスターバックスみたいなものという認識が持たれていました。

そこでブルーボトルコーヒー創業者のコーヒーやデザインに対する強いこだわりや日本の喫茶店からインスパイアされたストーリー、そして清澄白河というそれまでほとんど無名な土地に

1号店を出店するという斬新さが、「コーヒー界のアップル」や「サードウェーブコーヒー」というブルーボトルコーヒーを形容する言葉と共に紹介されたことでオープン初日から4時間待ちという華々しいスタートを切ることができました。

このケースなどは企業のブランドイメージから消費者が実際の商品であるコーヒーや店舗体験を想像し、期待し、購買意欲を煽った好例だと思います。

ブルーボトルコーヒーなど、ここでご紹介した例では企業や従業員のブランディングはPR施策を中心に設計されていますが、もちろんこれをPRではなく広告という手法で行っても構いません。前に紹介したトヨタの「トヨタイムズ」というキャンペーンなどは私から見るとこの「リバースエンジニアリング」の型のパス設計をしたマーケティング施策に見えます。

商品便益が最終的には意思決定に最も影響を与えるということは「増幅」の型同様、その後の使用体験でがっかりするとリピートしてくれなくなるので、使用体験に対する投資もおろそかにしてはいけません。

よって、リバースエンジニアリングの型における投資では、「使用体験への投資＞影響因子への投資＞認知への投資」の順で優先順位が付くことが多くなります。同じく、企業・従業員ブランディングから接触していく「人間関係」の型では、より初動でのコミュニケーションに占める企業・従業員ブランディングの割合が大きくなります。極端な場合、購買意思決定のタイミングで、他の競合商品と比較して大きな不安材料がないことを確認するだけで購買されることもあります。よって、「人間関係」の型における投資順位は、「影響因子への投資＞認知への投資＞使用体験への投資」の順番になることが多いです。

商品は競合よりも優れている必要はないが、劣ってはいけない

ここで、ひとつ大きな注意点があります。マーケティングの通常の考え方では商品は必ず差別化されていないといけないという、ある種、強迫観念のような考え方があると思いますが、三位一体ブランディングでは、型によってはそれを求めていません。

具体的に言うと、「後光」「人間関係」の型においては、購買の意思決定が企業や従業員のブランド力でなされることが多いため、商品上の差別化についてはそれほど求める必要はないのです。

これはちょっと実際の現場を想像してみるとわかると思います。

「後光」の型の例で申し上げると、一見すると、そんなに違いがわからない商品であったとしても、有名なデザイナーがデザインしたものだとわかると急に価値を感じ始めて購入を検討してみたり、「人間関係」の型の例で言うと、明確に上下関係があるベンダー企業の立場でいくと、ク

ライアント企業からの依頼で購入を依頼された場合、よほどの商品上の瑕疵がない以上、なかなか断りにくいですよね？

ここで、大事なポイントがあります。たしかに商品上、明確な差別化がされている必要性はないのですが、ここで言う「一見するとそんなに違いがわからない」「よほどの商品上の瑕疵がない」という部分がとても大事になります。

要は、差別化は必要ありませんが、競合他社と比較して劣ってはいけないのです。その品質を担保するための商品開発への投資は必須になります。

逆に、「増幅」の型や「リバースエンジニアリング」の型は、最終的にターゲットは商品便益に納得して購入を決定しますので、商品上の差別化は必須となります。よって、これらの型を目指す場合は、それを生み出す商品開発への投資は必須となります。

この商品上の差別化が必須か、少なくとも同等の品質を保持すればよいのかは、どの型を選択しているのかと合わせて常に意識するようにしてください。

三位一体ブランディングの効果測定とKPI

マーケティングにおける効果測定は常に議論になります。ただ、三位一体ブランディングではそのビジネスモデルにおいてＲＯＩを採用していますので、比較的データの入手が可能です。

利益＝（商品認知投資ＲＯＩ＋プライマリー影響因子投資ＲＯＩ＋使用体験投資ＲＯＩ）×（ダイレクト／非ダイレクト接触投資比率）＋外的要因（±）

プランニングにＭＭＭを採用すれば、各投資フェーズにおける支出額は把握することができます。

問題はそのフェーズ毎に売上額が把握できるかですが、量的な消費者調査を行って各ファネルステージに消費者が何人いるのかを把握できれば、それぞれのステージにおける獲得コスト・獲得効率が見えてきます。いわゆるＣＰＡのような指標です。これを全体ＰＬの利益率やＲＯＩターゲットと関連づけて設定しておくとデータが読みやすくなります。

これは量的な消費者調査が絡んでくるのでそう頻繁にはデータをアップデートできないという難点がありますが、業態によっては消費者調査を必要とせず、ＰＯＳデータやトラフィックデータからステージ毎の人数を把握できる場合があります。

また、ブランド体験のＤＸ化が進んでいくとユーザーデータも入手しやすくなりますので、そういった意味からもＤＸ化はおススメです。ＫＰＩ設定や効果測定についての詳細な説明は長くなることもあり、今回はこれ以上のご紹介は割愛しますが、効果測定はマーケティングの進化には必須のアクションになりますので、機会を見て別の機会にまた皆さんにご紹介できればと考えています。

第 8 章

人を活かす
経営
5つの提言

People
First
Branding

「人」がビジネスの競争力になりうる時代

これまでピープル・ファースト経営の重要性、そしてそれを実現する三位一体ブランディングの活用方法についてお話ししてきました。

三位一体ブランディングは人の力をもっとビジネスに活かそうという試みから生まれたブランディング手法ですが、昨今その重要性が注目されている人的資本の発想と根幹は同じだと思います。人をコストではなく、資本と捉え投資をしていくことで、組織は何をリターンとして得られるのか。

人的資本で言えば、それは企業価値の向上、そしてそれを実現する一人ひとりの生産性の向上や企業の持続的な成長などといった価値でしょうし、私が提唱する三位一体ブランディングでは、それをブランド価値向上による事業への貢献という視点で設定しています。

この「人」自身がビジネスの競争力そのものになりえるという発想は、グローバル化やダイバーシティが進み、足元ではストレス社会が日本企業の人事上の課題となり、さらにブランディングにおいては、ますます消費者からの共感が重視される時代において、経営の重要な位置を占めるものになると思います。

三位一体ブランディングを使って、企業だけでなく従業員をもブランディングしていくことで、仕事に対するモチベーションの低下や職場のストレス、またはダイバーシティ推進などの現代経営が抱える問題についてもその解決の一助となるものだと考えます。ぜひ、企業や従業員を資産だと捉えて、積極的に、そして戦略的に活用することを検討いただきたいと思います。

ただし経営トップ自身が、力強く三位一体ブランディングを進めていくという場合のみならず、現場の課題感からこの手法を実践したいと考えられる方もいると思います。

この場合、三位一体ブランディングを効果的に実現するためには経営側の強力なサポートが必要になります。それでは最後に、経営側が対応すべきことについて私の経験から5つの提言をしていきたいと思います。

提言1 自走する組織をつくりたければ必ずパーパス、ビジョン、バリューをリンクさせよ

人的資本のように、人を中心とした戦略で企業が勝とうとする場合、パーパス、ビジョン、バリューを設定することは一丁目一番地のアクションでしょう。

この場合、パーパスは企業が社会的に意味のある存在として内外から認められたいという経営者の想いを絞り出して設定し、それを具現化する際の具体的な指標としてビジョンを設定します。バリューは、パーパスを実現するために組織として必要なマインドセットや行動指針となる価値観の集合体となり、従業員に求められる資質や評価項目として活用されます。

このようなプロセスで設定していくことで従業員は、求められる成果を出すための正しいマインドセットと行動を起こし、その結果企業の目的が達成されるというサイクルが生まれます。経営者はこのサイクルを上手にデザインすることが求められるのです。

こうした仕組みは何も企業レベルでとどめておく必要はありません。事業部や各部署レベルでも、その組織長の想いをもとにパーパスやビジョン、バリューを設定してもよいと思います。

もちろん、基本的なラインとして、企業全体の方針とすり合わせる必要はありますが、アメーバ経営に代表される自走する組織において、こうした部署単位の取り組みは決して珍しいことではありません。ぜひ、それぞれの組織において独自のパーパス、ビジョン、バリューを設定してみてください。

提言2 社員の生産性を上げたければ自己実現の欲求をブランディングせよ

従業員は誰しも働くことに対して欲求を持っているはずです。ただ、その欲求のもととなる動機は人それぞれ異なるのが通常です。「何かを成し遂げたい」「成長したい」という想いで働いている人もいれば、「高い給与が欲しい」、「他者にほめてもらいたい」、「安定した生活を送りたい」、「生きるために仕方なく…」など、様々な理由で毎日出社しています。

それでは、動機は人それぞれ違うとして、この中でどのような欲求を持った従業員が企業の価値形成に大きく貢献しているのでしょうか。その答えに特に驚きはないと思いますが、マズローの欲求モデルで言うと、より高次の欲求レベルで働いている人の方が高い価値を生むことが多いです。

例えば、雇用の保証（安全の欲求）を求める社員と業界のゲームチェンジャーになりたい（自己実現の欲求）と思って仕事をしている2人を想像してみましょう。雇用の保証を求めて働いている人は常に業務の中で解雇されないための行動心理があらゆる局面で働きます。

よって、顧客を満足させようというよりは維持することに意識を置き、業績についても成長を求めるよりは昨年よりも悪くならないことに価値を置きがちになります。現状と同じパフォーマ

業績をドライブさせる社員満足

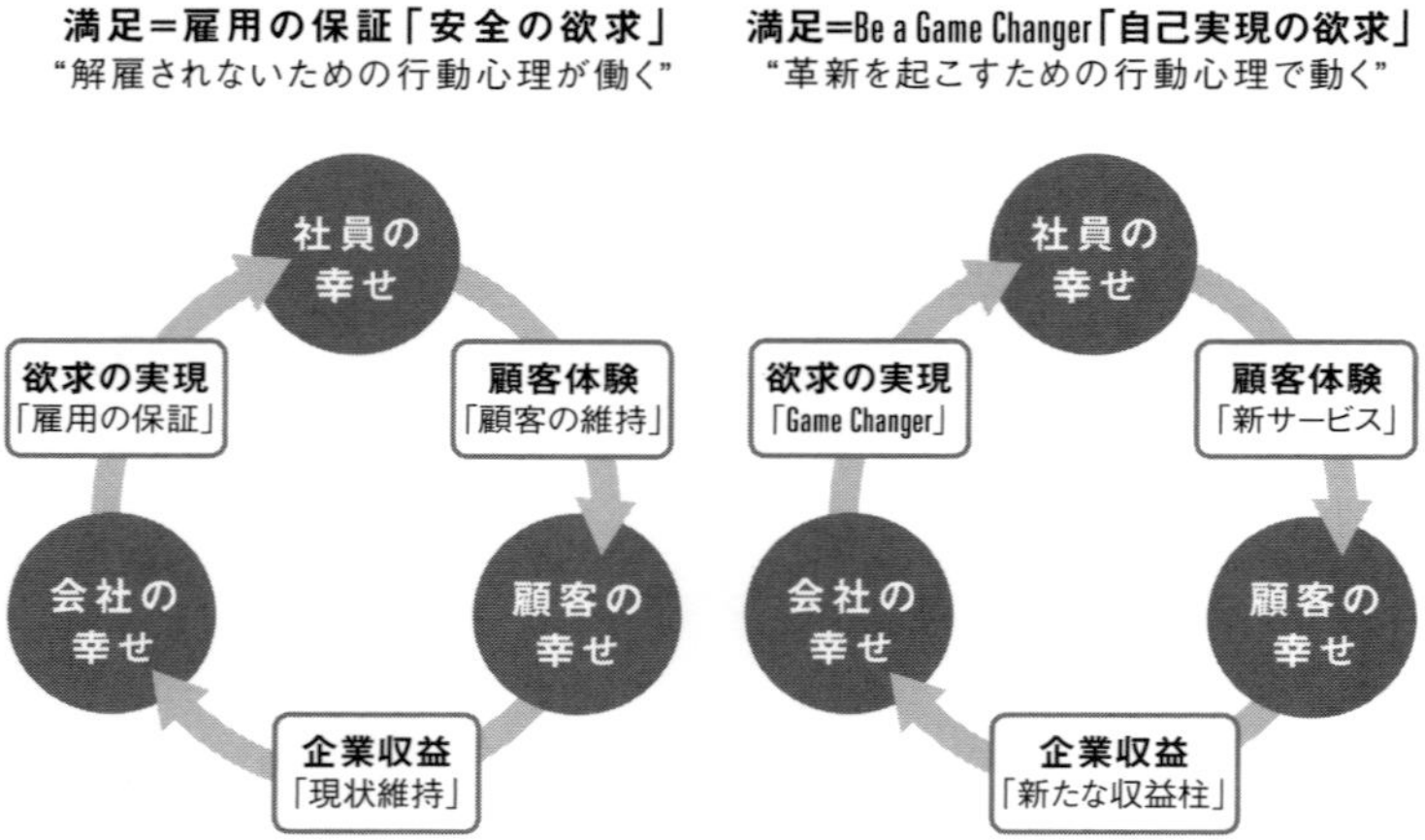

ンスなら、解雇される理由がないだろうと考えるからです。

一方で、ゲームチェンジャーになることを目指して働いている人は顧客に対しても当然、新しいことを提案していくでしょうし、業績についても現状維持では満足しないと思います。

このように、より高次の欲求レベルで働く人が組織の中で増えれば増えるほど、組織全体の能力が向上していきます。しかし、なかなかそうした高いレベルの欲求を持てる人ばかりではないことは皆さん、ご承知の通りです。中には、どうせ達成できないからとあきらめているだけでなく、そもそもそういう高い欲求としてどんな欲求を持ったらよいのかすら、自分でわからない人もいます。

そんなときは、ぜひ経営側が強制的にでも従業員全員が高次の欲求を持てるような仕組みをつくってあげてください。そのひとつのやり方が本書では何度も繰り返しお話ししている従業員をブランディングするという方法です。

証券マンや電通マンのように、企業が求める高次の価値観をイメージ化して〇〇マン（パーソン）という肩書きに乗せることで、従業員は自ずとそれに沿った行動をとるようになります。例えば、サントリーの従業員は「やってみなはれ」という企業の価値観のもと、新しいことにも思い切って挑戦するイメージがありますが、こうラベルを張られると、自ずと失敗を恐れないで新しいことをどんどん提案していけるようになります。

そして、これが取引先など対外的にも同様の認知形成がなされてくると、それが外部からの従業員への期待値となっていくので、従業員は、ますますその方向に沿った行動をとるようになります。

その結果、組織の行動が同じベクトルに向くようになって業績も上向き始めるのです。業績に直結する価値観を見極めて、ぜひ従業員のブランディングに活かしてみてください。

提言3 よい人材を採用したければ、スキルフィットよりもカルチャーフィットを優先せよ

人を資産と考えた経営モデルを推進していく場合、人は歯車ではなく、エンジンになります。

どういうことかと言えば、組織が求める役割を細かく定義し、その役割をこなせる人を採用するのが歯車型。対して、エンジン型とは、人の能力を最大限引き出す環境を整備することでビジネスを推進していこうという発想です。

これは、人の能力というのは顕在化した能力の他に潜在的な能力を持っており、いかにこの潜在的な能力も含めたすべてのポテンシャルが、そのままパフォーマンスとして発揮できる環境をつくるか？という視点に基づくものです。

単純に数式化してみましょう。

パフォーマンス＝ポテンシャル－障害

この式が示唆しているのは、いかに高いポテンシャル能力があったとしても、それを阻害する障害が多くある場合、実際のパフォーマンスは本来持っている能力とは一致しないということです。

どの世界でも、一般的に潜在的な能力値そのものがそのままパフォーマンスに出るケースはまれで、いわゆる火事場の馬鹿力が発揮された場合やスポーツなどでジャイアントキリングが起きたときに発生しているフロー状態（アスリートがゾーンに入った状態）などに限られます。

アスリートはこのことをよく知っているので、力を発揮しないといけない本番でなるべく障害を最小化するための訓練を実施しています。これは最近ではコンディショニングと呼ばれ、個人のポテンシャルを引き上げるトレーニングとは区別され、アスリートはそれぞれ自分の目的にあった割合でトレーニングとコンディショニングを計画して行っています。

有名な話では、野球選手のイチロー氏は現役時代、トレーニングだけでなく、多くの時間をコンディショニングに割いていたそうです。これにより、ケガのリスクを最小化して記録に立ち向かっていけたり、現役で活躍できる期間への挑戦を行っていたと言います。トレーニングによるポテンシャル自体の向上を狙うのではなく、コンディショニングによる障害の最小化を狙って、ポテンシャルの力をそのままパフォーマンスとして発揮できるようにしたわけです。

これはビジネスの世界でも同様です。そしてビジネスの世界において、この障害の中でとりわけパフォーマンスに強い影響を与えるのが、人間関係と会社のカルチャーだと言われています。ここで問題なのは、会社のカルチャーというものは、一方では企業全体の推進力にもなっていますので、個人との相性が悪いからといって簡単に変更できるものではありません。

ですから、100のポテンシャルを持っているけれども、カルチャー的にはマイナス40の障害を持っている人のパフォーマンスは結果60しか出てきませんので、カルチャーフィットが高く（つまり障害が0）、60のポテンシャルを持った人の方が採用すべき人材ということになります。

なぜ、最終的なパフォーマンスは同じ60なのにカルチャーフィットが高い方を優先するのかというと、カルチャーフィットがない60の人の場合、個人のパフォーマンスは同じでも他人の足を引っ張り、組織全体のパフォーマンスを落とす危険性があるからです。

また従業員をブランディングしようとした場合でも、カルチャーのフィットがないので、バリューをもとに設定されたブランディングを体現できない可能性があります。人を中心に経営を考える場合は、特にカルチャーフィットを重視してリクルーティングするようにしてください。

提言4 ダイバーシティはカルチャーフィットで解決せよ

国内においてもダイバーシティの重要性が叫ばれ始めてから、もう10年以上が過ぎたと思います。ただ、日本人にとって本当の意味でダイバーシティが必要になってくるのはこれからではないでしょうか。

国内だけでなく海外からの新規参入が増え、海外企業に日本企業がM&Aされれば、国境を越えて新しい組織文化をつくり上げていきます。最近では日本企業が買収され、オーナーが外資系企業もしくは外国人というケースも珍しくありません。

こうした場合、遅かれ早かれ、その国のカルチャーが企業の中でも浸透してくるでしょう。これまである意味では、鎖国に近い形で日本企業文化の中で育ってきた日本人にとって、大きな変化の兆しがもう目の前に来ています。

国籍の問題だけではありません。ジェンダーやジェネレーションギャップの問題など、日本企業が従来、取り組んできているにもかかわらず未だに解決できていない問題も山積しています。

ダイバーシティ推進を検討する時に、よく目にするのが、お互いをリスペクトして、理解する、それがダイバーシティだという発想です。一見すると正しいように見えますが、しかし、本当にそれでダイバーシティ問題が解決するのでしょうか？　私は難しいと考えています。

提言3で説明した通り、カルチャーフィットはパフォーマンスに影響します。ダイバーシティとは、まさにいくつものカルチャーが入り乱れている状態なので、そのままいくとパフォーマンス発揮を阻害する大きな障害になります。

一方で、イノベーションを語る時によく言われるのが、イノベーションとは既存のある発想と既存のある発想が加減乗除されて生まれる新しい発想である、ということ。ですから、イノベーションを起こそうとする際にはいろいろな人が参画して議論する必要があるのだ、と。この場合、ダイバーシティはとても歓迎されるべきなのだとも言われます。

このようにダイバーシティをうまく企業経営の推進力にするためには、パフォーマンスの障害とならずに、イノベーションを生み出す有機的な多様性となる必要があります。それは、単に相手を理解してリスペクトするだけでは実現しません。まずは、土壌を同じにする必要があるのです。土壌が同じになれば、あとの違いは個性として捉えることができます。イノベーションにも大きく貢献できるようになるでしょう。

それでは、ここで言う土壌とは何を指すのでしょう？　それは企業の価値観です。企業と個人の価値観が同じになって初めてそれぞれの多様性を認め合うことができるのです。そして、この共通の価値観を植えつける役割を担うのがパーパス、ビジョン、バリューなのです。

グローバルに展開している外資系企業はこの辺の土壌をつくる仕組みがしっかりしています。パーパスやバリューがしっかり定義されていることはもちろん、リクルーティング、オンボーディング、リーダーへのトレーニングなどを通じて、しっかり組織に浸透させていきます。だから誰であっても安心して、採用したり、重責ポジションに登用したりできるのです。

ダイバーシティ推進における課題の解決方法は、私から見たら、リクルーティング問題と同じです。パーパス、バリューをきちんと設定してカルチャーフィットがある人材を採用していくことで、それ以外の違いである国籍、ジェンダー、ジェネレーションなどをそれぞれの個性としながら向き合うことができるとダイバーシティはもはやパフォーマンスモデルで言うところの障害の要素がなくなり、事業の推進力として大きな力を発揮するようになるでしょう。

提言5 従業員のやる気を引き出したければ、バリューを体現した行動評価を実施せよ

人は給与や賞与などの外発的動機よりも自律性、有能性、関係性の満足から発する内発的動機で活動した方が、満足度が高く、よりその動機も長続きします。

よって、業績結果だけで評価を続けると、同じような業績達成の繰り返しではだんだんと満足度が落ちてきたり、業績が未達の場合が続くようなケースだと諦めムードが広がり、働く意欲自体にも影響してきます。

常に人が推進力（エンジン）となって組織やビジネスを前に進めていくには、常に従業員がモチベートされている状態である必要があります。バリューを落とし込み、それに沿った行動をすることで会社から評価されると、従業員は自分自身に有能性を感じ、また他人や組織との関係性についても心理的に安心した中で業務を遂行することができるようになります。

そして、そのメンタリティが自律性を促進し、内発的な動機が満たされ、高いモチベーション

モチベーションモデル

外発的動機 「失敗したくない」 ＜	内発的動機 「フィットがないと思われたくない」
経験値的価値 （ヒューリスティック活用） ・成功事例 ・昇給・報奨実績 ・評価実績 ・永年勤続報奨 ・サンクコスト	**自律性** **「主体的に行動できる」** ・共感・納得感　・達成感　・成長感
確実性価値 （プロスペクト理論） ・契約条件 ・給与体系・ボーナスシステム ・評価システム ・リファレンスポイント・価値関数 ・双曲割引モデル	**有能性** **「自分が役に立っている」** ・行動>結果　・努力>能力
プロスペクト価値 ・売上連動インセンティブ ・加齢累進昇給システム ・保険・年金システム ・ストックオプション	**関係性** **「他人と信頼し合える」** ・カルチャーフィット>スキルフィット ・組織の透明性 ・心理的安全性

で業務を推進していけるようになるのです。上にモチベーションモデルの図をまとめましたので、参照してみてください。

人的資本の未来とは？

私は、経営資源であるヒト、モノ、カネ、そして最近は体験を表すコトのそれぞれの業績に与えるインパクトを考えたときに、日本企業はこれまでモノやカネを中心に発想して戦略がつくられることが多く、その結果、人がコストとして扱われている現状に限界が来ていると感じていました。それは、働いている人々がどんどん気力ややる気を失っていく現状を見てきたからです。どうしたら、もっと人が生き生きとして働くことができるのか？　生き生きと働くことがそのまま業績に直結できないものか？

もちろん、人が高いモチベーションで働いた場合には、高い生産性を示すことは認識していましたが、もっとビジネスモデルとしてその仕組みの中に人が必須の要素として組み込めないかと考えた時に生まれたのが三位一体ブランディングでした。

そもそも、ブランディングとはある価値を端的なイメージとして表現することで、瞬間的に伝わるようにするマーケティング上の技術のひとつなのですが、これはモノや情報が溢れるこれからの世の中で必須のスキルになるのではないかと思っています。

マーケティングの世界においても、差別化が難しくなってきたマーケットにおいては企業や従業員もブランディングしながら総合力で競争優位性をつくり出そうというニーズは今後増えていくでしょう。

ＣＳＲが叫ばれ、企業も通常の企業活動だけでなく、社会への貢献においても世間から評価される時代になってきました。特に地球規模で動いているＳＤＧｓのような取り組みに対する人々の対応は企業の業績にも大きく影響を及ぼすようになってきています。その中でどのようなイメージ形成をして自社をブランディングしていくのかはとても大事なことになります。

人事においても、人材開発の観点から自社に必要な人材をしっかり定義し、見える化することで、最適な人材の採用や透明性の高い評価の実施が可能になります。

この中でブランディングという手法が使えたら、とても強力に計画を推進していくことができるでしょう。

そして、何よりも市場のグローバル化がさらに加速していく中で、働く環境では多様化が進んでいきます。その中で自分自身をしっかり理解してもらい、アピールするためにも、自分自身のセルフブランディング能力が今後より重要になってくるでしょう。自分自身を適切にブランディングできない人は市場から目をかけてもらえない時代になっていくと思います。

モノを売る、カネを稼ぐ、という部分の能力ばかり伸ばしてきましたが、人を活かすという部分は早急に変革していかないといけません。ただ、何も悲観する必要はありません。人が主役となった市場は、我々にとってとてもやりがいのあるワクワクする職場になるはずだからです。そして、ブランディングの力は人が主役となる市場での神器になります。

今回、ご紹介した三位一体ブランディングは決してマーケティング部だけのものではありません。

人を活かすピープル・ファーストの戦略が皆さんにやりがいをもたらし、ブランディングが皆さんに自信と誇りをもたらす一助になれば、この上ない幸いです。

ピープル・ファースト戦略

―企業・商品・従業員
三位一体ブランディング

発行日　2023年3月29日 初版

著　者　矢野健一
発行者　東彦弥
発行所　株式会社宣伝会議
〒107-8550
東京都港区南青山3-11-13
TEL. 03-3475-3010(代表)
https://www.sendenkaigi.com/

装丁・DTP　ベルソグラフィック(吉崎広明)
印刷・製本　モリモト印刷株式会社

ISBN978-4-978-4-88335-572-3